걸으가며 걸음묻고

김종상 기행시집

대양미디어

◇ 머리시 ◇

바람처럼 구름처럼

여행(旅行)은 역행(力行)이고
여정(旅情)은 연정(戀情)인 것

마음이 내키면 내키는 대로
발길이 이끌면 이끄는 대로

바랑(鉢囊) 하나 둘러메고
방랑(放浪)의 길을 떠나자

얻을 것을 생각지 말자
버리면 다시 채워지나니

일상을 훌훌 털어버리고
바람처럼 구름처럼 떠나자.

차 례

Ⅰ. 화엄세계의 금강산 ················005
Ⅱ. 간도에서 중원까지 ················027
Ⅲ. 무협지의 현장견학 ················055
Ⅳ. 가깝고도 먼 이웃 ················081
Ⅴ. 하노이에서 씨엠립까지 ········105
Ⅵ. 리잘의 푸른 성역 ················127
Ⅶ. 동남아의 역사와 문화 ········145
Ⅷ. 무한한 자원의 보고 ············161
Ⅸ. 제일강산 서호팔경 ················171
Ⅹ. 청풍명월 벚꽃축제 ················205
Ⅺ. 편안한 동쪽 하늘 ················219
Ⅻ. 물 따라 산 찾아 ················235

Ⅰ. 화엄세계의 금강산

1. 금강산 가는 길 __ 006
2. 현대금강호 __ 008
3. 화엄의 세계 __ 010
4. 만물상 __ 011
5. 목란관 __ 012
6. 비로봉 __ 013
7. 개구리바위 __ 014
8. 옥류동 __ 015
9. 상팔담 __ 016
10. 만상정 __ 017
11. 금강산 온천 __ 018
12. 금강설봉 __ 019
13. 귀면암 __ 020
14. 천선대 __ 021
15. 모란봉교예단 __ 022
16. 관음연봉 __ 023
17. 삼일포 __ 024
18. 해금강 __ 025
19. 수묵담채화 __ 026

금강산 목란관

금강산은 동서 40km, 남북 60km에 걸쳐 있으며 아름다운 풍광으로 유명하다. 금강산이란 이름은 대방광불화엄경에 나오는 산 이름인데, 이 세상에서 제일 단단하고 아름다운 금강석으로 되어있는 산이라고 한다. 그래서 서양에서는 금강산을 다이아몬드 마운틴이라고 부른다. 또 계절별로 봉래산, 풍악산, 개골산이라고도 부르고, 화엄경에 있는 금강산의 다른 이름인 철위산, 열반산이란 이름도 있어 풍광에 걸맞게 이름도 많은 산이다.

금강산 가는 길

대진항 바다는 먹빛이었다
해맞이식당의 찌게냄비도
바다를 닮아 검게 끓고 있었다
반세기 넘게 삐걱대며 지나온
아픔의 나날이 끓고 있었다

그 바다 한 기슭
녹슨 세월의 끝자락에
기약 없는 기다림으로
금강산 콘도가 앉아서
내 안의 길을 바늘귀로 열며
통행증을 내주고 있었다

그것을 개목걸이로 하고
휴전선 철책을 넘는 길에는
고향 집 뒤란에 누워있던
마른 검버섯의 늙은 바위와
어릴 적 솔괭이* 땄던
허리 굽은 소나무도 있었다
모두 금강산 가는 길이라 했다

가기만 하는 외통길에서
치마꼬리를 잡고 매달려도
내 사랑은 메아리 저 멀리
안개에 젖은 놀빛이었다

그래도 가야 하는 것은
길은 길로 열리는 것이기에
새 길을 생각해서란다.

＊솔팽이=관솔(松明)

☞ 2박 3일 금강산 육로관광 길에 오른 퍼펙트여행사 관광버스는 눈 쌓인 미시령을 넘고 속초와 화진포를 지나 대진항 해맞이식당에서 멈추었다. 생선찌게로 점심을 먹고 금강산 콘도에서 관광증을 받았다. 3시가 넘어서야 남측 통검사무소(CIQ)로 가서 입북수속을 했다.

(2005. 2. 23)

현대금강호

거울처럼 맑고 잔잔한 물이
티끌 하나 없이 깨끗하였다
현대금강호마저 잠들자
세상은 적막도 지워져갔다

거기에 한 관광객이 있어
너무 적막해 잠이 오지 않아
뱃전에 나와 낚시를 했단다

그 밤 잠자지 않는 눈이 또 있어
관광객은 북측으로 불려갔단다
이를 어쩌랴. 그가 한 낚시질은

해양환경 오염죄(海洋環境 汚染罪)
불법어류 획득죄(不法魚類 獲得罪)
수심측정 간첩죄(水深測定 間諜罪)

죄를 만드는 죄는 어찌 하랴
반세기만에 열린 뱃길에서
동포애로 맞아야할 북측이기에

그 날의 그 일은 그래서…….

더 이상은 말하지 말아야지
어느 한 옛날에 있었다는
전설만 같은 우스개란다.

☞ 장전항은 서쪽으로 비로봉, 백마봉, 향로봉을 바라보는 북측 중요 군사항이다. 현대아산이 금강산 개발을 시작하면서 금강호, 봉래호, 풍악호 등 해상호텔인 대형 유람선이 출입하는 유일한 관문이 되었다. 숙식은 유람선에서 하고 금강산은 지정된 버스를 타고 들어갔다.
(2000. 6. 23)

화엄*의 세계

금강산은 아름다운 산
화엄세계의 철위산이
일만여 가지 형상으로
시방세계에 현현한 산

현세 극락정토로 왔으니
어찌 금강으로 만족하랴
여름에는 봉래산(蓬萊山)
가을에는 풍악산(楓嶽山)
겨울에는 개골산(皆骨山)

갈가리 찢어진 강토
넝마처럼 헤진 하늘 아래
천만 이산의 아픔으로
눈물에 젖어있는 산

슬픔도 절이 삭으면
감미로운 추억인 걸
나는 다가올 그 날을 그리며
장엄한 화엄의 세계를
꿈길을 더듬듯 찾아왔다.

* 화엄=대방광불화엄경

☞ 금강산은 회양, 고성, 통천 3개 군에 걸쳐 있다. 예부터 지리산, 한라산과 더불어 삼신산의 하나로 불려 왔으며 내금강, 외금강, 해금강 3개 구역으로 나눠진다. 그 이름은 〈화엄경〉에 나오는 세상에서 가장 아름다운 금강석으로 된 산인 금강산에서 따왔다고 한다.(2000. 6. 23)

만물상

비행기는 하늘 끝에서
구름 속으로 녹아들어
세상 밖으로 사라지고

배들은 바다 끝에서
수평선으로 녹아들어
눈 밖으로 사라지지만

금강산에선 모든 것이
산봉우리로 녹아들어
만물상을 이루었다네

나도 이렇게 살다가
세월 속으로 사라지면
어디 가서 무엇이 될까

☞ 만물상은 산봉우리 모양이 만 가지 형상을 하고 있다고 해서 붙여진 이름인데, 금강산의 외금강 쪽으로 풍광이 가장 빼어난 곳이다. 귀면암과 삼선암이 있는 구만물상, 천선대를 중심으로 한 신만물상, 그리고 그 밖의 오만물상으로 나눈다.

(2000. 6. 24)

목란관

우아한 꽃봉오리를
더더욱 돋보이게 하려고
잎도 나중 펼쳐드는

가슴에 심어두고
눈물로 피워낸
목란이란 이름의
간절한 우리 사랑

그 해맑은 빛으로
은은한 향기로
우리의 비원 속에
멀미처럼 다가오는

뜨거운 한 마음
그 소망의 깊이를
목란다리를 건너며
곰곰이 다독여본다.

☞ 목란관은 온정리에서 구룡폭포 쪽으로 8km 지점의 개울가에 있는 북한 음식점이다. 둥근 형태의 건물이 빼어난 계곡미와 어울려 매우 아름답다. 그 앞 목란다리에서 쳐다보면 집과 메와 골이 잘 조화되어 관광객들이 기념촬영을 많이 하는 곳이다.

(2000. 6. 25)

비로봉

금수다리에서 쳐다보니
1938m의 비로봉이
청자빛 허공을 떠받치고
은희색으로 빛나더라

무량한 진리의 화신(化身)
광대하면서도 실체가 없어
어디에도 얽매이지 않는

비로자나의 그러함(自然)은
있음 가운데 없음이요
없음 가운데 있음으로

백천만겁 인연의 끈이
한 바람 실처럼 이어지는
찬연코도 높은 자리더라.

☞ 구룡폭포 쪽으로 올라가는 길에 목란다리를 건너 양지대를 지나면 또 하나의 다리가 나온다. 금수다리다. 평양 금수산기념궁전에서 이름을 따온 이 다리에서는 금강산에서 가장 높다는 비로봉이 여러 개의 봉우리 어깨너머로 쳐다보였다. (2005. 2. 24)

개구리바위

만경다리에서 쳐다보니
개구리 한 마리
산 위에 앉아 있었다

기다리고 있을 친구들도
까맣게 잊은 채
풍광에 취해있었다

옆에는 토끼도 있고
거북이도 있었다

모두 넋을 놓고
멍하니 앉아
바위로 굳어 있었다.

☞ 먼 옛날, 까마귀 한 마리가 따슨우물마을(溫井里) 개구리들에게 금강산 구경을 가자고 꾀었다. 따스한 우물에서만 살아 세상을 모르는 개구리들은 대표를 뽑아 금강산을 보고 오라고 했다. 금강산으로 간 대표는 경치에 취해 그만 바위가 되었단다.

(2000. 6. 25)

옥류동

어르고 달래면서
바위를 씻어 내린 물이
천 갈래 만 갈래
하늘빛으로 흐르더라

그것은 모두 활이 되어
계곡을 통째로 켜고 있더라
온 산이 현악기로 울리더라

그 물길, 그 소리는
내 혈관으로 흘러들어
가슴을 두드리더라
온몸에 기쁨으로 넘치더라

금반에 옥을 굴린다는
자랑스런 우리의 옥류금
천연의 신비로운 악기.

☞ 구룡폭포로 오르는 길은 만물상 쪽보다 경사가 완만하다. 온정리에서 김정숙교양관을 왼쪽으로 돌아 신계사 터를 지나는 길은 아름드리 홍송이 터널을 이룬다. 거기에서 목란관, 삼록수, 금강문을 지나면 물이 좋기로 이름난 옥류동이다.(2005. 2. 24)

상팔담

놀잇감이 없던 시절
마을 앞 바위는
참 좋은 놀잇감이었지

주먹돌로 바위를 쪼아
구멍파기 놀이를 해서
수많은 확을 만들었지

금강산 높은 바위에는
누가 그렇게 확을 팠을까
상팔담 여덟 물웅덩이

물 좋고 하늘이 가까워
선녀들이 목욕을 했다는
신령스런 금강의 요지(瑤池)

착한 나무꾼과 만난
그 때의 선녀는 지금
어디 가서 살고 있을까

오늘은 그 여덟 요지에
하늘이 잠겨 있었다
구름이 흐르고 있었다
내가 거기 들어있었다.

☞ 상팔담은 바위에 여덟 개의 물웅덩이가 있어 붙여진 이름이다. 온정리에서 구룡연 쪽으로 목란관, 금수다리, 삼록수, 만경다리, 금강문, 옥류동, 연주담, 비봉폭포를 지나서 정상 가까이에 있으며, 나무꾼과 선녀 전설로 유명하다.
(2000. 6. 25)

만상정

만상정 주차장에 내리니
오랜 세월 가꿔온 숲과
풍우로 다듬어진 봉우리들이
우르르 나를 둘러쌌다.

나뭇가지에 휘감겨
펄럭이는 바람이며
바위를 배밀이로 흐르는
계곡의 물줄기들은 모두
나에게로 몰려와서는

왜 이제 왔느냐며
기다리고 있었노라며
몸이 으스러지도록
와락 끌어안았다

그러고도 부족한지
내 어깨를 쓸어주다가
등을 두드려주다가
손을 잡아 끌어주었다.

☞ 온정각을 출발한 금강산 관광버스는 김정숙휴양소 앞에서 오른쪽으로 돌아 솔 숲길을 달려 만상정 주차장에 멈추었다. 온정리에서 만상정까지는 14km. 여기서부터는 만물상 봉우리들을 쳐다보며 걸어야 한다. 물과 숲과 바위들이 눈이 시리게 다가왔다.
(2000. 6. 24)

금강산 온천

이 뜨거운 물은 본디
이끼 덮인 바위틈에서
퐁퐁 솟아나는 샘이었을 게다
졸졸 흐르는 도랑이었을 게다

이 뜨거운 물은 본디
사슴이 목을 축이고 갔을 게다
다람쥐가 손을 씻고 갔을 게다
산마을 모든 식솔(食率)들이
함께 쓰던 것이었을 게다.

그런데 이 물은 지금
쇠기둥과 돌벽으로
꼭꼭 둘러막아 놓고
사람들만 쓰고 있었다.
돈을 받고 팔고 있었다.

☞ 금강산온천은 예부터 따슨샘(溫泉)이 있어 온정리(溫井里)라고 부르게 된 곳에 있다. 지하 204m에서 솟아나는 중탄산나트륨의 물은 피부병, 근육통, 신경통, 류마치스에 좋단다. 물도 좋지만 눈에 덮인 금강산 봉우리들이 싸고 있어 영원히 머물고만 싶은 곳이다.(2005. 2. 24)

금강 설봉

눈도 금강산 눈은
금강눈이더라
쨍한 햇살이 반사되어
반짝반짝 가루보석이더라

솔도 금강산 솔은
금강솔이더라
푸른 잎 붉은 줄기가
계곡을 환히 밝혔더라

봉우리도 금강산 봉우리는
눈에 덮여 설봉이더라
전체가 눈덩이더라

금강눈에 금강솔에
반짝이는 설봉으로
하늘과 땅이 모두가
새하얗게 눈부시더라.

☞ 아이젠을 하고 구룡폭포 쪽으로 향했지만 눈길은 자꾸만 발목을 잡았다. 금강문을 지나 옥류동 무대바위에서 북측 환경보호 순찰원들과 토론이 붙어 주저앉고 말았다. 눈을 쓴 봉우리들의 유혹은 황홀했지만 나는 멀리서 쳐다보기만 했다.(2005. 2. 24)

귀면암

만상정을 지나면서
고개를 들어 쳐다보니
하늘 가득히 그림이었다

영겁의 세월이 그려낸
그 드넓은 수묵화 속에서
불쑥 나타나는 얼굴 하나

도깨비, 허깨비, 저승차사
시왕전의 염라대왕
칼산지옥의 우두나찰

그 모두가 하나의 얼굴로
나를 내려다보고 있었다
만물상 입구의 귀면암.

☞ 만상정 주차장에서 만물상으로 오르다가 보면 세 개의 아름다운 바위가 있다. 하늘에서 내려온 세 신선 삼선암(三仙巖) 옆에 또 하나의 우뚝한 바위가 서있다. 모양이 귀신 얼굴 같다고 해서 귀면암(鬼面巖)이라 부르는 바위다.
(2000. 6. 24)

천선대

다시 내려갈 것이면
왜 올라왔느냐 지만

한 세상 사는 법이
가파른 산길 오르듯
더러는 솔뿌리에 걸리고
비탈에서 구르기도 하고

때로는 풀 향기에 젖고
솔바람에 몸을 씻기우며
가슴 울먹이기도 하고

그러다가는 체념하듯
모든 것을 버려두고
본디 자리로 되돌아가는

그래서 죽음도
돌아간다고 하지 않는가

내려온 길 되돌아보니
내가 올랐던 천선대가
아쉬운 표정으로
손을 흔들고 있었다.

☞ 금강산의 동쪽이 되는 외금강 일대는 바다 쪽으로 경사가 급해서 깎아지른 절벽과 기묘한 봉우리들로 만물상을 이룬다. 천선대는 이 만물상 가운데서도 위쪽에 자리한 우뚝하게 높은 봉우리라서 금강산의 먼 곳까지가 한눈에 내려다보였다.(2000. 6. 24)

모란봉교예단

다람쥐보다 재빠르게
장대를 기어오르다가
대벌레로 몸을 곧추세우는
청년들의 장대재주

바람결에 실린 눈송이로
이리저리 날아다니다가
꽃잎으로 떨어져 내리는
소녀들의 눈꽃조형

공중을 훨훨 날다가
뱅글뱅글 바람개비인
두 사람의 공중회전

분수처럼 솟구쳐서는
꽃불처럼 퍼지다가
낙엽처럼 흩날리며

허공에 꿈을 그리는
평양모란봉교예단
현란한 슬픔의 향연.

☞ 온정리 문화회관에서 평양모란봉교예단의 공연을 보았다. 이 교예단은 북한 문화성 산하의 예술단체로 모나코국제교예축전 등에서 대상과 금상을 수십 차례 받았단다. 널뛰기, 줄넘기, 봉재주, 공중회전, 눈꽃조형, 장대재주 등이 신기에 가까웠다.

(2005. 2. 24)

관음연봉

관음연봉 당신의 품에서
나는 한 방울 물입니다.

비로봉에서 출발하여
구룡, 비봉을 쓸어내려
연주담, 옥류담을 이루는

그 물길을 품어 안고
나란히 키를 맞추어
묵묵히 서있는 관음연봉

이렇게 마음 설렘은
당신의 리모콘 때문
손끝만 까닥해도
바람처럼 흔들리는 나는

관음연봉 당신의 품에서
수수만 갈래로 흐르는
한 방울 물이 됩니다.

☞ 금강산관광의 중심지 온정리에는 문화회관과 매점을 비롯한 편의시설이 있지만, 정몽헌추모비 옆에 제2온정각, 금강산골프장, 이산가족면회소 등을 짓고 있었다. 더 많은 관광객을 위한 대비였다. 멀리 둘러선 관음연봉이 나를 부르는 것 같았다.

(2005. 2. 24)

삼일포

푸른 솔을 등에 지고
호수에 떠있는 섬과
기슭에 웅크리고 앉아있는
생경한 표정의 단풍각이

내가 아무리 감격한들
그 애련을 어찌 알며

침묵으로 다스려온 나날
속으로 삼켜온 사연들을
말로 어찌 다 할 수 있으랴

가슴 벅찬 서러움으로
돌아보고 또 돌아봐도
꽁꽁 얼어붙은 삼일포는
끝내 아무 말이 없었다.

☞ 삼일포는 한 폭의 그림처럼 아름다워 옛날 어느 임금님이 이곳에 와서 잠시 쉬다가려고 했는데, 그만 경치에 반해서 3일간이나 즐기다가 갔다 해서 삼일포라고 부르게 되었다고 한다. 단풍관에 전시된 조선화와 막걸리 맛이 일품이었다.(2005. 2. 25)

해금강

겨울바다를 좋아해서
눈바람 언 파도에
눈물 글썽거리던
그 날의 단발머리 소녀는

지금은 어느 하늘 아래
어떤 모습을 하고 있을까?

바다를 향한 포신과
굳은 표정의 어린 초병도
어쩔 수 없이 여기서는
바위가 되어 가는데

나는 청맹과니처럼
가슴속 언 바다를 본다

찬바람에 팔락이던
단발머리를 생각한다.

☞ 해금강은 남쪽 구선봉에서 북쪽 수원단까지로 삼일포구역, 해금강구역, 총석정구역으로 나누며, 바위와 호수와 바다가 어울려 아름답다. 삼일포 단풍각을 구경하고, 해금강으로 갔다. 바닷가 벼랑은 북측 포대가 있어 접근도 촬영도 금지되었다.

(2005. 2. 25)

수묵담채화

백운대의 산안개와
만폭동의 물소리

십이폭의 물기둥과
만물상의 조형미

비로봉의 장대함과
세존봉의 조망경

해금강의 바위섬과
총석정의 돌기둥

누구가 그렸을까
이런 수묵담채화를.

☞ 5년 만에 다시 본 금강산은 참 많이 변해 있었다. 해로관광에서 육로관광으로 된 것도 그렇고, 휴대가 금지되었던 남한의 간행물이나 영문자가 있는 물품 등이 허용되고, 환경순찰보호원과 자유롭게 이야기를 할 수 있는 것이 그러했다.(2005. 2. 25)

Ⅱ. 간도에서 중원까지

1. 여행을 떠나며 __ 028
2. 중국항공기상에서 __ 029
3. 하늘길 __ 030
4. 연길에서 __ 031
5. 소년궁 아이들 __ 032
6. 도문에서 __ 033
7. 두만강에서 __ 034
8. 용정에서 __ 035
9. 용정중학교 __ 036
10. 일송정 __ 037
11. 해란강 __ 038
12. 평강들에서 __ 039
13. 연변시골마을 __ 040
14. 송강진, 이도백하 __ 041
15. 백두산 __ 042
16. 천지 __ 043
17. 백두산 풀꽃 __ 044
18. 장백폭포 __ 045
19. 북경 __ 046
20. 천안문 광장 __ 047
21. 자금성 __ 048
22. 만리장성 __ 049
23. 용경협 __ 050
24. 정릉 __ 051
25. 이화원 __ 052
26. 천단공원 __ 053
27. 여행을 마치며 __ 054

백두산 천지

2002년 7월 25일부터 29일까지 4박 5일간 중국 연길시 소년궁과 자매결연을 맺고 도문, 용정과 북경일대를 돌아보았다. 때마침 9월 3일 연변자치주 성립 50주년을 앞두고 연길은 주택개량, 도로정비 등 도시미화가 한창인데, 힘들고 위험한 일에는 한족 노동자들을 쓰고 있었다. 한국에서는 조선족들이 불법체류자로 갖은 수모를 겪으면서도 3D업종에서 일하고 있는데, 중국에서는 조선족들이 힘든 일에는 한족을 부리고 있었다. 흐뭇했다.

여행을 떠나며

우리 살아가는 일은
여행과도 같답니다.

끝없이 이어지는
세월의 길을 따라서

설레이는 가슴으로
먹고 자고 떠나가는

우리는 영원히
방황하는 길손입니다.

> ☞ 중국 연길시소년궁과 자매결연을 하고 도문, 용정, 백두산, 북경 등을 여행했다. 아동 39명, 교사 15명, 학부모 6명에 개인 가족 3명이 동행이었다. 여행은 미지의 세계에 대한 기대와 새로운 풍물에서 받는 감동으로 누구나 가슴 설레는 일이라 모두가 부푼 마음이었다.(2002. 7. 25)

중국항공기상에서

본디 세상 모든 것은
임자가 따로 없는데
땅을 가르고 바다도 나누어
어찌 내 것이라 한단 말인가

하늘도 쪼개어 몫이 달라서
함부로 다닐 수 없다고 한다.
그래서 갈 곳은 동북쪽인데
비행기는 남서로 머릴 돌린다.

☞ 천지가 창조될 때는 몫이 따로 없었다. 하늘도 땅도 온 우주가 만물의 공유였다. 풀도 나무도, 벌레도 짐승도 공평하게 어디나 걸림 없이 다닐 수 있었고, 아무 데나 뿌리내려 살 수 있었다. 그런데 인간이 그것을 제 것이라 우기며 찢고 쪼개고 길을 내고 몫을 갈라 독점했다.
(2002. 7. 25)

하늘길

하늘은 어디나 비어있건만
거기에도 길이 있단다.

해의 길,
달의 길,
별들의 길

그래서 비행기는
비행기길을 간다.

하늘은 언제나 태허(太虛)이건만
거기에도 임자가 따로 있단다.

우리 하늘,
일본 하늘,
중국의 하늘

그래서 비행기도
돌아서 간다.

☞ 우리의 목적지 연길은 두만강 건너이므로 인천공항에서 보면 동북쪽이다. 그런데 비행기는 정반대쪽 방향인 남서로 날아서 서해를 건너간다. 북경을 거쳐 가기 때문만이 아니다. 연길 직항로도 그렇게 간다. 북한 영공을 피해가야 하기 때문이다. 현실이 너무나 안타깝다.

(2002. 7. 25)

연길에서

젊은이가 달려온다.
조랑말 타고

광개토왕 그 기백이
눈앞에 떠오른다.

아이들이 지나간다.
수레를 끌고

발해국의 왕손인가
되돌아 뵌다.

☞ 연변조선족자치주의 주도 (수도)인 연길은 자치주 성립 50주년이 되는 9.3절을 앞두고 주택개량, 도로정비 등 도시미화가 한창이었다. 청나라 때부터 우리 동포들이 이곳으로 옮겨 살게 된 후, 일제 때는 간도개척단과 독립투사들이 건너가 정착해서 그 후예들이 많이 살고 있다.(2002. 7. 26)

소년궁 아이들

연길시소년궁 학생들이
노래를 부르고 춤을 춘다.

처음 이 땅에 온 조상님들이
떠나온 모국이 그리워

사무치는 소리와 몸짓으로
한을 풀 듯 익혀온 가락

춤과 노래의 재간둥이들이
그 가락을 이어오고 있다.

☞ 연길시소년궁은 예체능을 중점으로 교육하는 특수교육기관이다. 경제적으로나 사회적으로 수준이 높은 가정의 학생들이 다닌다. 학생들은 우리 전통음악과 무용에서 중국 최고의 기예를 자랑한다. 일본, 미국, 캐나다 등을 순회공연도 많이 다닌다. 1시간가량 그들의 공연을 보았다.(2002. 7. 26)

도문에서

일월이 다하도록
유일신으로 받들려는

그 거룩한 화상이 걸린
강 건너 버드나무 아래

풀뿌리를 캐는 소녀의
머리카락을 쓸던 마파람이
반갑게 나에게로 달려와

내 귓볼을 간지르고는
어디론가 황망히 떠나간다.

☞ 도문은 두만강 건너 북한 남양시와 마주하는 국경 도시다. 북한을 오가는 도문대교 중간에 국경선이 표시되어 있다. 장춘, 목단강 등으로 통하는 교통의 요지이며, 1920년 홍범도가 지휘하는 독립군이 일본군 1개 대대를 격파한 봉오동전투의 전적지가 가까이 있다.

(2002. 7. 26)

두만강에서

도문대교 건너편
산나리, 개망초 피는
거기도 우리 땅

손을 내밀면 금방 잡힐 듯
내 형제들이 살고 있건만

어찌하여 오늘도
두만강 여윈 물은
숨죽여 흐느끼고

중조국경선은
피빛으로 붉어만 가는가.

☞ 두만강은 중·조국경선을 이루고 있다. 백두산과 무산고원에서 동북으로 547.8km를 흘러 동해로 들어간다. 유역은 겨울에는 몹시 춥고 가물어 넓은 초원으로 되어 있다. 옛날에는 뗏목으로 목재를 운반했다는데, 지금은 탈북자들이 목숨을 걸고 중국 쪽으로 넘어오는 길목이 되어 있다.(2002. 7. 26)

용정에서

용두레 우물에서
물을 긷던 소녀도 가고

별을 노래하던
한 청년도 떠난 통한의 땅에

그 때의 소녀를 닮은
그 날의 청년만 같은 아이들이

그 때의 그 모습으로
오늘을 살고 있더라.

☞ 용정은 우리민족이 용두레 우물을 파고 터를 잡은, 길림성 동부 간도땅으로 3.1운동 후에는 일제에 항거하는 사람들이 옮겨가서 항일독립운동의 거점이 되었다. 우리민족은 광활한 세정들과 평강들을 일구어 벼농사를 지었으므로 중국 제일을 자랑하는 간도미(間島米)의 본고장이 되었다.(2002. 7. 26)

용정중학교

됫바람 눈서리 몰아치는
낯선 땅 간도를 찾아

「해란강 기슭에 자리 잡고서
지식의 금나래 펼쳐가는 곳
따사로운 당의 햇살 담뿍 받으며
우리의 민족문화 꽃펴 나갈 곳
아— 배움의 요람,
아— 자랑스런 용정중학교」

수많은 애국선열들이
이 교가를 부르며
민족혼을 가꾸어 온 터전
여기는 용정중학교.

☞ 지금은 용정제일중학교이지만 민족시인 윤동주가 다녔던 대성중학교 건물 앞에는 윤동주의 『서시』가 음각된 시비가 있고, 2층은 윤동주기념관이다. 학생들은 민족혼을 드높이기 위해 열심히 공부하고 있다. 근대 인물 중에는 문익환 목사와 정일권 전 총리도 이 학교를 다녔다.

(2002. 7. 26)

일송정

한 그루 푸른 솔은
민족혼의 상징

종교보다 강렬한 믿음으로
조국 독립을 외치며,

우리 가슴속에
아픔으로 뿌리한 나무.

☞ 일송정은 용정 비암산에 있다. 우리 독립군들이 항일 의지를 다지던 곳으로 애창가곡 『선구자』로 잘 알려진 곳이다. 정자 곁에 소나무 한 그루가 있어 일송정이라 했으나 그 때 소나무는 일본이 죽였고, 지금 소나무는 80년대 후반에 백두산에서 옮겨 심은 것이다. 공사중이라 지나면서 보았다.(2002. 7. 26)

해란강

해란강 푸른 물길은
유현의 계곡을 흘러온
배달겨레의 넋이란다.

아픈 세월 한서린 몸짓으로
역사의 들녘을 누벼서

우리의 원역으로 흘러드는
애국의 푸른 혈맥이란다.

☞ 해란강은 용정시와 세정들을 누벼 두만강으로 흘러든다. 우리 독립투사들의 한이 서린 강이다. 승천하는 용의 모습을 조각한 아름다운 용문교를 건너 시내로 들어서면 곧바로 용정이란 이름의 기원이 된 용두레 우물이 보존되어 있어 길손의 감회를 더해주고 있다.

(2002. 7. 26)

평강들에서

꽃 한 송이 만져본다
향긋한 냄새

평강공주 손길에서
가꿔지던 꽃만 같다

돌 한 덩이 집어본다
검푸른 이끼

온달장군 말발굽 아래
구르던 돌만 같다.

☞ 평강들은 세정들에 이어 화룡쪽으로 펼쳐져 있다. 우리 민족이 개척하여 벼농사의 중심지를 만들었음으로 조선족이 가는 곳에는 벼가 따라다닌다는 말이 생겼다. 들 이름이 평강이라서 고구려 평강공주와 온달장군의 슬픈 사랑 이야기가 떠올랐다.
(2002. 7. 26)

연변시골마을

산밭에는 옥수수
들판에는 푸른 벼

꼬불꼬불 들길에는
얼굴 하얀 개망초

연변의 시골마을은
정겹던 내 고향
옛 모습 그대로였다.

아무라도 붙잡고
손을 덥석 잡고 싶다.

☞ 연길에서 백두산 가는 길목에 있는 화룡, 송강, 이도백하 등 작은 도시들은 대부분 조선족 마을로 우리 독립군들이 활동하던 지역이다. 이곳을 지나면서 옛 모습대로 살아가는 조선족과 나무 울타리의 농촌마을, 백두산 적목장, 장목가리, 미인송, 장뇌재 배단지 등을 볼 수 있었다.(2002. 7. 26)

송강진, 이도백하

나무 울타리 시골마을
초가집 흙벽에 걸려있는
빛바랜 사진 한 장에서

누비옷에 벙거지를 쓴
구릿빛 얼굴을 보았다.

조국을 가슴에 품어 안고
삭풍 속에서 독립을 외치던
크나 큰 함성을 들었다.

☞ 연길, 용정, 화룡을 지나 노령고개에서 잠시 휴식을 했다. 인가는 없고 조선족이 천막에서 먹고 자며 음료수와 약초를 팔고 있었다. 근처에 김좌진 장군의 전승지가 있다고 했다. 고개를 내려가서 송강진과 이도백하를 지나며 조국독립에 목숨을 바친 분들의 모습을 생각했다.(2002. 7. 26)

백두산

울창한 만리벌
밀림을 깔고 앉아

구중천에 우뚝한
우리의 백두산은

이 땅을 처음 여신
한배검님 높은 옥좌.

☞ 백두산은 우리 건국신화의 발원지다. 산꼭대기가 여름에는 화산 부식토로, 겨울에는 눈으로 하얗기 때문에 백두산이라 하는데, 중국은 늘 희다고 장백산이라 부른다. 원래는 활화산이었으나 250년 전에 휴화산으로 되고, 산의 3분의 1이 중국 땅인데 중국 쪽으로 올라갔다.

(2002. 7. 27)

천지

본디는
하늘샘이었어

밤이면 선녀들이 내려와
물을 긷던 옥샘이었어

모두들
보았겠지?

산정에 풀꽃으로 피어난
선녀들의 발자국을.

☞ 천지는 백두산 꼭대기 해발 2,200m에 있다. 전체 면적10㎢, 둘레 13㎞, 깊은 곳 373m, 평균 깊이 204m, 평균 수온 0.7~11℃, 11월에 얼고 6월에 녹는다. 물속에 괴물이 살고 있다는 이야기가 있었지만 증거는 없다. 건너편 북한군 경비초소가 맨눈으로도 보였다.(2002. 7. 27)

백두산 풀꽃

백두산 풀꽃은
졸리우는 눈동자다
물젖은 별빛이다

나를 보고 웃는 것은
그리움의 표정이다
사랑의 몸짓이다

백두산에
피는 풀꽃
순수의 작은 얼굴들.

☞ 백두산 이끼지대와 부식 토지대에는 갖가지 풀꽃이 노랑, 분홍, 연보라로 피어있었다. 두터운 이끼층이나 메마른 바위틈을 뚫고 가냘픈 몸매에 작은 얼굴로 피어난 것이 너무도 애처로운 모습이었다. 한 생명 살아가는 이치가 이처럼 경외로울 수 있을까 하는 생각이 들었다.
(2002. 7. 27)

장백폭포

구름이 쏟아지네
무지개가 떨어지네

하늘과 땅을 잇는
세 개의 물기둥

그것을 받들어
산은 키를 더하고

온갖 풀꽃들이
다투어 눈을 뜨네.

☞ 천지의 물은 북쪽 결구를 통해 1,000m의 협곡을 흘러 64m의 낭떠러지로 떨어지면서 장백폭포를 이룬다. 폭포 아래로 나란히 흐르는 80℃의 유황온천수로 달걀을 익혀 팔고 있었다. 폭포 위에서 낙석방지공사를 하고 있어 먼 발치에서 얼음처럼 차가운 물만 떠마시고 돌아섰다.(2002. 7. 27)

북경

너무 크고
너무 넓구나
자금성, 천안문광장

너무 높고
너무 많구나
친교의 문턱, 13억 인구

지나간 천년 세월
형제국이라는 이름으로
인연해온 나라이기

고목이 된 제국의 그루에
새로 피는 잎새 한 장도
우리에게는 바람이 된다.

☞ 북경은 중국의 수도이며 3000년 역사의 고도로 총면적 16000㎢에 인구는 서울과 비슷한데 그 절반이 시내에 살고 있다. 자금성, 천안문광장, 이화원 등 사적지가 몰려 있어 도시 전체가 박물관이라 해도 과언이 아니다. 내륙의 건조한 기후 탓으로 가로수는 모두 백양나무였다.(2002. 7. 25)

천안문광장

중원을 호령하던
제궁의 대문밖에
널따란 빈터 하나

13억 인민에게
백만 명의 자리라니
넓으면서도
비좁은 마당

'천하안위'란 이름으로
몇 차례나
피바람이 몰아쳤던
천안문 붉은 광장.

☞ 천안문광장은 자금성 정문인 천안문 앞 광장이다. 1651년에 설계하여 1958년에 완공했다. 넓이 44만 m^2에 백만 명을 수용할 수 있어 세계최대이다. 동쪽은 중국역사박물관, 서쪽은 인민대회당, 남쪽은 모택동기념관, 중앙에는 인민영웅기념비가 있다. 역사박물관에서 당대의 생활유물전을 보았다.
(2002. 7. 25)

자금성

황금빛 추녀 아래
검붉은 기둥들이

남가지몽의 천년영욕을
떠받치고 있는 고궁

태화전의 영광도
중화전의 인걸들도

흘러간 세월 속에
낙엽처럼 떠나간 오늘

나는 그날의 황제처럼
금역의 뜰을 걸어본다.

☞ 자금성은 명, 청대의 궁이다. 1406~1420년에 지은 후 560년간 명나라 15명, 청나라 9명의 황제가 살던 곳으로 105만 점의 진귀한 문물이 소장되어 있다. 10m의 성벽과 호성하(筒子河)라는 인공의 강이 궁을 싸고 있다. 1987년에 유네스코 세계문화유산으로 지정되었다.

(2002. 7. 25)

만리장성

그것은 성이 아니라.
만리를 달려가는

한 마리
커다란 용이었다.

하북에서
감숙성까지

아득한 대륙을 누벼
하늘로 승천하는
용이었다.

☞ 만리장성은 북방 유목민들을 막기 위해 춘추전국시대부터 쌓기 시작하여 진시황이 완성했다. 동쪽 하북성 산해관에서 서쪽 감숙성 자위관까지 3,000km이고 이중, 삼중인 곳을 합치면 5,000km가 넘기 때문에 만리장성이라고 한다. 팔달령에서 케이블카를 타고 빗속에 성을 올랐다.(2002. 7. 28)

용경협

산은 산을 업어
더욱 높고

물은 물을 불러
한결 깊은

여기는 제일강산
용경협

천년 잠에 들었던
황룡이
길손의 발길에 깨어나

푸른 숲을
날아오르고 있다.

■ 용경협은 팔달령에서 40분 거리에 있는 협곡으로 작은 계림, 작은 삼협이라고 불릴 만큼 가파른 봉우리와 깊은 계곡이 장관을 이루었다. 높이 70m의 댐은 7㎞의 유람선 관광과 용이 승천하는 모습을 한 258m의 에스컬레이터 등 관광 편의 시설도 잘 되어 있었다.(2002. 7. 28)

정릉

임진왜란과 정유재란 때
군대로
우리를 도왔던 만력제

살아선
지상의 자궁(紫宮)이었는데
죽어선
지하의 현궁(玄宮)에 있다

이생 백년에
못 다한 일들을
사후 만년을 두고
이룩하라고

만수산 창평현
감감히 깊은 곳에
은밀히 지어놓은
거대한 지하황궁.

☞ 정릉은 북경에서 40km 떨어진 창평현 천수산 기슭에 있는 명13능 가운데 하나인 만력제 신종의 능이다. 신종은 임진왜란과 정유재란 때 우리를 도운 황제인데, 석조로 된 지하궁전은 명나라 때 황실의 제도, 미술공예, 건축기술 등을 보여주는 귀중한 문화유산이다.(2002. 7. 29)

이화원

역발산 기개세(力拔山氣蓋世)로
땅을 파서 곤명호를 만들고
흙을 쌓아 만수산을 세웠다지

서태후의 열정을 식히기 위해
금침에서 스러져간 동정들이
바람으로 깨어나는 것인가

긴 회랑, 장랑을 거닐면
옷깃을 잡는 손길이 있다

귓가에 속삭이는
은밀한 소리가 있다.

☞ 영국과 프랑스 연합군이 불태운 창의원을 1888년에 서태후가 재건하고 이화원으로 이름을 바꾸어 별장으로 사용했다. 총면적 294m²로 중국 최대 규모인데 인공호수 곤명호, 호수에서 파낸 흙을 쌓아 만든 만수산과 회랑 등이 아름답다. 회랑을 지나 유람선을 타고 동쪽 지춘정 쪽으로 나왔다.

(2002. 7. 29)

천단공원

운명은 하늘이 정하니
천제는 그에게 경배하라

천원지방(天圓地方),
천고지저(天高地底)를
한 자리에 아울러서

계절과 절후의 질서를
한눈에 볼 수 있는 천단

천제가 분향한 음덕이
지금은 볼거리로 열려
길손에게 손을 내민다.

☞ 천단은 명·청 때 황제들이 기우제를 지내던 곳이다. 천원지방, 천고지저의 우주관에 맞춰 지었다. 천·지·인, 삼중처마로 된 기년전의 중심기둥 4개는 4계절, 12개는 12달, 처마기둥 24개는 24절기, 절기와 계절을 합쳐 28숙을 상징한다. 41도의 폭염에도 아이들이 모두 싱싱해서 기뻤다.(2002. 7. 29)

여행을 마치며

깊은 강은 잔잔해도
속으로는 격류가 있다지

무질서 속의 질서와
만만디 속의 기민함과

나귀와 냉방차가 함께인
사회주의 속의 시장경제

중국은 깊은 강이었다
그 속내를 알 수 없는.

☞ 『차이나』는 우스개로 '차이가 난다'는 뜻이란다. 중국은 우리와 비교할 때 넓고 크고 많은 것이 우선 차이가 났다. 평생을 다녀도 구경을 다 못하는 국토, 평생을 먹어도 다 못 먹어보는 요리, 평생을 배워도 다 못 쓰는 한자가 그렇고, 비상구를 태평문이라 하듯이 생활의 여유에서 차이가 났다.

(2002. 7. 29)

Ⅲ. 무협지의 현장견학

1. 인천공항 __ 056
2. 비행기 위에서 __ 057
3. 서안 __ 058
4. 실크로드 __ 059
5. 서안성 __ 060
6. 비림 __ 061
7. 당악무 __ 062
8. 소안탑 __ 063
9. 대안탑 __ 064
10. 화청지 __ 065
11. 병마용 __ 066
12. 시황릉 __ 067
13. 시황유해 __ 068
14. 맹강녀 __ 069
15. 아방궁유적 __ 070
16. 장가계 __ 071
17. 원가계 __ 072
18. 천자산 __ 073
19. 황룡동굴 __ 074
20. 보봉호 __ 075
21. 선요만 __ 076
22. 십리화랑 __ 077
23. 금편계곡 __ 078
24. 도중 __ 079

서안 병마용

중국은 2001년부터 우리 돈으로 3조원의 예산을 들여 북경사회과학원 주도로 동북공정이란 이름의 역사 재해석작업을 해왔다. 중국영토 안에서 이루어진 역사는 민족에 관계없이 모두 중국역사라는 것이다. 우리 조상들이 세웠던 고구려나 발해도 모든 기록에 중국고대국가로 해놓고, 고구려 유적도 자기네 이름으로 유네스코 지정 세계문화유산으로 올렸다. 이 음모를 바로 알고 아이들에게 가르치기 위해 중국현장 연수를 했다.

인천공항(仁川空港)

우주에서 바라본다면
바다 가운데 이 공항은
조그만 물그릇에 떠있는
한 장 낙엽에 불과할 터

뜨고 앉는 비행기들은
거기에 앉았다가 떠나가는
날벌레와도 같을 거야

우리가 세상에 있는 법도
그런 것이 아닐까? 어쩌면
낙엽에 앉았다가 날아가는
날벌레 하루살이와도 같은

어디서 왔다가 어디로 가는가
밀어내며 내려앉는가 하면
밀려서 떠나가는 군생들

먼 우주에서 바라본다면
나는 그럼 무엇일까?
순간을 영원으로 아는
미욱한 하루살이일 테지.

☞ 공항 도착 8시. 목화여행사가 출국수속을 했다. 인천공항은 동북아허브공항을 실현키 위한 전략으로 '92년 11월에 착공하여 8년 4개월만인 '01년 3월에 개항했는데, 용유도와 영종도 사이의 바다를 메운 1,700만 평의 부지 위에 세워진 세계적인 국제공항이다.(2004. 7. 20)

비행기 위에서

오래 전
하늘나라 가신 어머니

저 하늘 어디선가
지금도 초석 펴고
목화를 타시는가

온 하늘 가득
무명 솜구름

구름 사이사이로
자애로운 모습 찾는

이젠
그 때의 어머니보다
나이가 많아진
아들의 눈이 젖는다.

☞ 내 자리는 아시아나 OZ 319호, 23E석이다. 기류 탓으로 기체가 동요한다는 기내방송에 계기판을 보니, 비행기는 산동반도를 돌아 천진을 지나며, 고도 9600m에 시속 800km, 외기온도 -39℃를 가리킨다. 기수를 서안쪽으로 돌리니 비포장길이 끝났는지 기체가 안정되었다. 끝없는 운해 위를 날고 있었다.(2004. 7. 20)

서안(西安)

바둑판을 들여다보며
군웅들이 패권을 겨루던
춘추전국시대를 상상했지

장기(將棋)를 두면서
호걸들의 활거를 노래한
초한가(楚漢歌)를 읊조렸지

삼국지(三國志)를 읽으면서
도원결의(桃園結義) 삼형제의
의리와 충절을 기리었지

나는 천년 세월을 거슬러
오늘 그 역사의 현장에서
당대(當代)의 영웅호걸이며
제후와 장상들을 만난다.

☞ 함양비행장에 내려 윤원 주점에서 점심을 했다. 서안까지는 1시간 거리. 건조기후로 벼농사가 안 되는 위수평야는 옥수수가 풍작이었다. 서안은 옛 장안으로 주·진·한·수·당 등 1100여 년간 여러 왕조의 수도로, 수·당의 고구려 원정의 기병지였고, 백제 멸망 후 의자왕과 유민들이 끌려와 살았던 땅이기도 해서 감회가 별다르다.(2004. 7. 20)

실크로드 (緋緞街道)

곤륜산과 천산산맥을 지나는
그 깊고 험준한 풀밭 길을
누가 비단길이라 했던가
페르시아융단이 중국으로 오고
중국비단이 서역으로 가던 길

타림분지와 파미르고원을 넘는
그 높고 거치른 모랫길을
누가 실크로드라 했던가
당나라 현장, 신라의 혜초가
불법을 찾아서 고행했던 길

소바리 앞세우고
고샅길 나와 동구 밖 돌아가던
어릴 적 기억 속의 내 아버지
그 야윈 뒷모습을 떠올린다.

☞ 실크로드는 옛날 중국의 비단이 서방으로 갔던 길이라 해서 붙여진 이름으로, 중앙아시아를 가로지르는 동서교통로를 말한다. 일찍이 페르시아왕조의 지배와 알렉산더대왕의 동진으로 서남아시아 문화가 형성되었는데, 그 서역의 이질적인 문화와 중국 고유의 문화를 이어주는 통로였고, 서안은 그 길의 중요한 기점이었다.
(2004. 7. 20)

서안성(西安城)

남문은 제왕의 문이었다지
제후와 만조백관을 거느린
황제가 행차하던 영령문(永寧門)

북문은 사신들의 문이었다지
나라의 손님으로 찾아오는
국빈들이 오가던 안원문(安遠門)

동문은 공물의 문이었다지
전국 각처에서 올라오는
곡식과 생필품이 들던 장락문(長樂門)

서문은 상인들의 문이었다지
서역과 유럽의 장사꾼들이
낙타를 몰고 드나들던 안정문(安定門).

☞ 서안성은 당나라 때 쌓은 장안성을 기초로 하여 명나라가 완성했다. 높이 12m에 길이는 11.9km인데, 성의 위폭이 12~14m나 되어 차가 다닐 정도이다. 현존하는 중국의 성벽 중에서 보전상태가 가장 좋아서 옛 장안의 정취를 느낄 수 있어 높은 평가를 받고 있다.(2004. 7. 20)

비림(碑林)

나무만 숲이던가
돌도 숲인 것을

영겁을 흐르는 세월 속에
인걸도 가고 역사도 저물고

모두가 낙엽처럼
피었다간 스러져갔는데

빛바랜 기억들을 끌어안고
마음 앓는 눈먼 돌덩이들

황혼 빛 숲으로 서있는
비림의 돌비석들.

☞ 비림(碑林)은 섬서성박물관 안에 있다. 당(唐)대에 114개의 석판에 주역, 시경 등 유교경전 13경 655,025자를 새긴 개성석경을 비롯하여, 한(漢)대에서 청(靑)대까지의 석비와 묘비들이 3천여 개나 있다. 고대 페르시아 문자와 한자를 함께 새긴 당나라 때의 소량처마씨묘지(蘇凉妻馬氏墓志)는 세계적으로 희귀한 비석이다.(2004. 7. 20)

당악무(唐樂舞)

숲이 고우면
멧새로 노래하고
물이 맑으면
인어로 유영하다

구름자리에
달그림자로 앉아서
별빛을 모아
꿈길을 수놓았지

천 년 만 년 그 모습 그대로
가슴 아리게 기리고 사랑하며
꽃과 나비로 살자 했지만

안녹산 한 줄기 비바람에
나비는 비단날개가 찢어지고
선연하게 피어나던 양귀비는
살바람에 덧없이 떨어져 갔네.

☞ 저녁에 극장식 레스토랑 당악궁(唐樂宮)에서 당악무를 보았다. 500여 명을 수용할 수 있다는 1층 좌석이 거의 만원이었다. 현종과 양귀비의 사랑을 당나라 전통무용과 음악으로 펼쳐보였다. 짧은 생을 살다 간 한 여인의 자취가 유적은 물론이고, 문학과 무용과 음악과 민담에 실려 그토록 큰 자취로 이어 온다는 사실에 놀랐다.
(2004. 7. 20)

소안탑(小雁塔)

절도 탑도 부처님을 모신 보좌
천복사 소안탑의 처연한 모습도
무언가 간절한 소망의 표징인 것

다하지 못한 정한이 깊으면
절을 세워 부처님께 발원하고
이뤄야 할 소망이 높으면
탑을 쌓아 기원을 하여왔지

사랑하는 남편을 먼저 보내고
어떤 여한을 부처님께 빌었을까
천복사를 세우신 측천무후는

부처님 말씀에 귀의하라고
하늘이 감응토록 소원했겠지
소안탑을 지으신 의정법사는

당나라 삼백년 찬란한 역사 위에
한 올 나의 바람도 더하여서
먼 훗날까지 남길 수는 없을까
내 마음 빈 터에도 탑 하나 세우고 싶다.

☞ 소안탑은 천복사(荐福寺) 안에 있는데, 707년에 당나라 의정이 인도에서 가져온 400권의 경전과 번역본을 보관하기 위해 세웠다. 원래는 높이 45m에 15층이었으나 지진으로 무너져 지금은 13층이다. 돈을 내고 경내에 있는 범종을 쳐보도록 하고 있었다. 우리 일행은 거의가 종을 쳐보았다. 종소리가 별로였다.(2004. 7. 21)

대안탑(大雁塔)

달팽이집처럼 감아도는
대안탑 나무계단을 오르며
삼장법사 현장을 생각한다

휘몰아치는 모랫바람 속에서
방향을 잃고 헤매는 법사를
홀연히 큰 기러기가 날아와
구도의 길로 안내했었다지

손오공(孫悟空)은 어디가고
사오정, 저팔계는 무얼 했던가
기러기가 시자되어 수행했다는
아득히 멀고 먼 서역 만 리

기러기는 부처님의 화신
그래서 천축에서 가져온
불경과 사리와 불상들을
큰 기러기 품에 모셨으니
그것이 대안탑이란다
큰 기러기탑.

☞ 대안탑은 652년 당나라 현장법사가 인도에서 가져온 불경과 불상을 모시려고 쌓은 전탑으로 서안 대자은사에 있다. 높이 64m의 7층 누각식인데, 탑 안의 나선형 계단을 걸어 올라갈 수 있다. 당나라 중엽에는 진사에 급제하면 대안탑에 글을 남기는 것을 영광으로 여겨 백거이도 진사에 합격한 후 여기에 글을 남겼다고 한다.(2004. 7. 24)

화청지(華淸宮)

절세가인 양귀비만 꽃이었던가
해당탕은 해당화
연화탕은 연꽃이니
온천지 화청궁은 전체가 꽃이더라

강태공 여상의 도움으로
은나라를 무너뜨린 주 무왕도
흥겨운 잔치소리 아직도 흔연한데

한 무제와 삼국지 영웅들이며
고구려를 침략했던 수양제도
여기에서 피곤한 몸을 씻었겠지

이태백, 백거이, 두보님들도
꽃을 바라 꽃으로 살다간 사람들을
꽃보다 고운 문장으로 노래했다더라.

☞ 화청지는 풍광이 수려한 온천지로 중국 역대 제왕들의 최고 휴양지였다. 현종이 양귀비를 위해 화려한 누각을 짓고 겨울이면 이곳에서 함께 지냈단다. 양귀비가 목욕을 했다는 온천탕과 바람에 머리를 말렸다는 망하정이 보존되어 있고, 호수에는 양귀비의 석상도 세워져 있다. 근대사에서는 국공합작의 서안사변으로 유명하다.
(2004. 7. 21)

병마용 (兵馬俑)

병마용을 만났습니다
한 장졸이 말했습니다
"우리가 이룩한 통일제국,
우리 손으로 지켜야지요."

그래서 시황제는
살아있는 장졸과 병마는
지상의 제국을 지키게 하고
당신의 유택 지하궁궐은
토용들에게 맡겼답니다

"우리는 언제든지
출정준비가 되어 있습니다."
수천의 병마용 장졸들은
시황릉 무적수비대였습니다.

☞ 병마용은 시황릉을 지킬 병사와 군마를 흙으로 빚어 구운 실물 크기의 도용(陶俑)인데, 시황릉 북동쪽 1.5km 지점에 있다. 3개의 갱 가운데 1호 갱에만도 6천여 개나 묻혀있어 현재도 발굴 중인데, 1천여 개 정도가 공개되고 있다. 도용들의 규모와 표정, 자세와 복장들이 빼어나 세계 8대불가사의의 하나이다.(2004. 7. 21)

시황릉(始皇陵)

흙에서 받은 몸
돌아가면 한줌 흙인데
영생불멸을 어찌 바라며
사후세상은 어디 있다는 거냐

바람처럼 보천(普天)을 누비던
통일천하의 시황제도
석류나무 뿌리 끝에서
한줌 먼지로 사그라졌을 텐데

그것을 담아두기에는
그릇이 너무 크지 않은가
섬서성 여산의 시황제 유궁

그릇은 비우면
새것이 채워지기 마련이고
미련 없이 버려야만
뒷자리가 아름다운 법임을
시황릉을 보면서 생각합니다.

☞ 시황제 무덤은 섬서성 여산에 있는데 '진시황릉지궁'이 공식 이름이다. 연 인원 70만 명을 동원하여 37년에 걸쳐 만들었단다. 무덤 꼭대기까지 계단이 있어 정상에 올라보니 사방의 넓은 들판이 한눈에 든다. 무덤 속은 거대한 지하궁궐로 탐지됐지만 도굴을 막기 위한 갖가지 장치가 되어있어 공개하지 않는다고 한다.

(2004. 7. 21)

시황유해(始皇遺骸)

'모든 것은 내 손안에 있소이다.'
천하를 한손에 쥐고
창조주의 신화를 만들겠다고
분서갱유(焚書坑儒)하고

불로불사의 영생을 꿈꾸며
불로초, 불사약을 구하러
동남동녀(童男童女) 오백 명을
삼신산으로 보내기도 했지만

아방궁(阿房宮) 달 밝은 밤
만세루에 홀로 오르면
빈 가슴 적막한 들녘에
젖어드는 불여귀(不如歸) 소리

통일제국의 영원을 위해
영혼까지 불사른 시황제도
지금은 적멸의 미궁에
빈손으로 잠들었습니다.

☞ 시황제는 천하를 통일하고, 자신이 천지창조신이 되겠다며, 갱유분서하고 만리장성을 쌓고 아방궁을 지으며 불사약을 찾기도 했다. 그 시황제의 능 내부모습을 시내에 진왕지궁(秦王地宮)으로 재현해 놓았는데, 시황제의 시신과 당시의 육국왕궁을 비롯한 여러 궁궐과 만리장성 축조모습 등을 모형과 그림으로 볼 수 있었다.

(2004. 7. 21)

맹강녀(孟姜女)

아내 맹강녀와 남편 범기랑은
혼인 사흘 만에 시황제 명을 받아
아내는 들에 나가 농사를 짓고
남편은 멀리 성을 쌓으러 갔답니다.

덧없는 세월은 살같이 흘러가고
한 번 떠난 남편은 소식이 없어
눈물로 날밤을 지새던 맹강녀는
마침내 만리장성을 찾아갔지만
남편은 죽어 어디에도 없었답니다.

슬픔을 이기지 못한 맹강녀
하늘을 우러러 통곡을 하니
성벽 한 쪽이 와르르 무너지며
범기랑의 시체가 걸어나왔답니다.

맹강녀는 왕생극락을 빌어주고
자신은 불가마에 몸을 던져
남편 범기랑의 뒤를 따라갔다는
그 열부가 진왕지궁에 있었습니다
성벽 밑에서 울고 있었습니다.

☞ 진왕지궁에는 만리장성과 함께 맹강녀의 모습도 재현해 놓았다. 백탑촌(白塔村)의 맹강녀는 제나라 범기랑(范杞郎)과 혼인을 했으나, 결혼 3일 만에 남편은 만리장성을 쌓으러 가서 죽어 성벽 속에 묻힌다. 남편을 찾아 나선 맹강녀의 열정과 미모에 반한 시황제는 비로 삼으려 했지만 그녀는 몸을 불살라 남편의 뒤를 따랐단다.(2004. 7. 21)

아방궁유적(阿房宮遺蹟)

위수는 하늘나라 미리내
북쪽기슭의 함양궁 영실과
남쪽기슭의 아방궁 천극을
까치다리를 놓아 하나로 잇고

시황제는 하늘이 내린 사람
영실과 천극을 오갈 때면
위수의 용들이 읍(揖)을 하고
천관이 함께 수행을 했다던가

'색즉시공 공즉시색'이라
있음은 곧 없음이요
없음이 바로 있음인 것을

위수의 까치다리도
아방궁의 높은 추녀도
한바탕 남가일몽으로 지고
지금은 전설로만 남았습니다.

☞ 아방궁지는 서안 교외라지만 불확실하다. 시황제는 통일 후 위수(渭水) 북쪽의 함양궁(營室)을 확장하고 남쪽에 신궁(天極)을 지었는데, 그때 제일 먼저 지은 것이 아방궁 전전(前殿)이라고 한다. 앞쪽은 전(殿), 뒤쪽은 궁(宮)인데, 전의 크기는 동서 1,300m, 남북 500m에 면적이 60만㎡로 만 명을 수용할 수 있었다고 한다.(2004. 7. 21)

장가계(張家界)

마음을 풀고 허공을 보자
구름은 숲이 되고 산이 되고
봉우리는 구름 되고 하늘 되어
산과 하늘이 어깨를 겯고 있는
여기가 바로 무릉도원 가는 길

가슴을 열고 창공을 보자
하늘 가운데 숲이 있고
그 숲에 쌓인 높은 봉우리들이
산안개를 목도리로 펄럭이는
이곳 장가계는 옥황상제님 뜰

우리는 그 이상향을 찾아왔다
잠시나마 일상의 속진을 벗고
자연 본래의 모습이 되어보고자
수만리 하늘 길을 날아왔단다.

☞ 장가계는 호남성 서북부에 있는 삼림공원으로 토가족, 백족, 묘족 등 20개 소수민족이 살고 있다. 장가계란 이름은 중국 한나라 고조 유방의 공신 장량(張良)을 기리기 위해 그의 성을 딴 것이란다. 장량은 한나라가 진에게 망하자 시황제를 죽이려다 실패하고 황석노인을 만나 태공망병법을 배워 나중에 유방을 돕는데 큰 힘이 된다.(2004. 7. 22)

원가계(猿家界)

천하제일경 원가계를 보면
골짜기는 옥문관(玉門關)이요
봉우리는 양근석(陽根石)이더라

골짜기가 깊고 깊어서
봉우리는 더욱 높아지고
봉우리가 높고 높아서
골짜기는 더욱 깊었더라

기괴한 돌기둥과 봉우리며
유현(幽玄)한 계곡의 물길이
합환하는 이곳은 화촉동방
천지창조의 장엄한 색사(色事).

☞ 장가계시 무릉원구 Emperor Hotel(天子大酒店)을 나와 백룡동굴로 갔다. 백룡관광엘리베이터(百龍觀光電梯)를 타고 원가계로 올라갔으나, 그 구역 담당버스가 파업을 해서 걸어갔다. 천하제일교, 미혼대, 후화원 등을 구경했다. 계곡의 절벽을 따라가는 관광로 밑은 어디나 천 길 낭떠러지라서 신낭(腎囊)이 마른 탱자처럼 졸아들었다.(2004. 7. 22)

천자산(天子山)

천자산은 하늘에 솟아있어
계곡 밑으로 구름이 흘러가고
안개가 구름으로 뜨고 있었네

구름에 뿌리박고 돋았구나
안개에 발을 묻고 솟았구나
내려다보아도 쳐다보아도
아득하기만 한 암벽과 봉우리들

사랑한다는 것이나
사랑받는다는 것은 모두
계곡을 흐르는 하늘과도 같은
바로 이런 것이 아닌가 하네.

☞ 천자산은 원래 청암산이었는데, 토가족 두령이었던 황왕천자의 이름을 따서 천자산이라 한다. 높이 1260m에 2천여 개의 석봉과 폭포와 샘물이 있고, 운해, 석도, 동설, 노을이 절경을 이룬다. 산정에서 하룡공원, 서해, 어필봉, 대관대, 선인교, 방국암, 신병집회 등을 구경할 수 있었다. 잠시 휴식을 취하고 케이블카로 내려갔다.
(2004. 7. 22)

황룡동굴(黃龍洞窟)

만석괴동과 용무청을 지나
배를 타고 향수하를 건너면
무릉원 깊은 바위굴 속에
산과 들과 밀림이 있었다

화과산, 석금산을 돌아가면
사막을 달려가는 모래기둥
용이 살았다는 황룡동 속에
태풍에 밀리는 파도가 있었다

천구전 산밭과 곡룡지 호수와
눈 덮인 설송에 독수리 노웅이며
용왕의 옥좌와 저승의 염라청도
거기 있었다. 석회암 바위 속에

하늘을 수놓는 갖가지 꽃불
뭉게뭉게 피어나는 오색구름
그것을 모두 돌로 빚어서
동굴 속에 감춰 놓았더라

그 분은 누구였을까
세상의 온갖 일과 풍광들을
거대한 석회암으로 만들어서
이렇게 현란히 꾸며 놓은 이는.

☞ 황룡동은 용암굴로 높이 100여m에 4층으로 되어 있다. 동굴 속에는 배를 타고 건너는 향수하, 하늘폭포 천선수, 소리를 반사하는 회음벽, 4층에 있는 호수 곡룡지, 직경 10cm에 길이는 19.2m나 되는 석주 용해신침을 비롯하여 기이한 석순·석주·석만·석화·석포가 헤아릴 수 없이 많다. 그것은 동굴이 아니라 지하별천지였다.

(2004. 7. 22)

보봉호(寶峰湖)

물은 숲에 싸여 더 푸르고
숲은 물에 잠겨 더 푸르네
우리 마음의 숲도 푸르러야
생각도 푸름을 더한다고 하네

산은 물에 씻겨 더 맑고
호수는 산에 쓸려 더 맑네
우리 생각의 호수도 맑아야
깨끗한 영혼이 깃든다고 하네

곤륜산(崑崙山)에 있다는
신령스런 못 요지(瑤池)가
여기라는 것을 이제야 알겠네
푸르고 맑은 넋을 그리네.

☞ 보봉호는 70년대에 발전(發電)을 위해 만든 인공호수인데, 댐높이 80m에 최대수심은 115m이며, 길이는 2.5km로 경치가 매우 아름다워 요지(瑤池)에 비겨 말한다. 80년대부터 관광지로 개발되고, 90년대부터 말레이시아 보리실업발전유한회사가 임대 경영하고 있다. 호수에는 애기고기(娃娃魚) 등 회귀동물도 산다고 한다.
(2004. 7. 23)

선요만(先耀灣)

보봉호를 달리던 유람선은
선요만에서 잠시 멈추어
토가족 민속공연을 보았네

토가족 사나이들은
숲에 들어 사냥을 하고
논밭에서 곡식을 거두었다네
그것을 춤으로 우리를 맞이하네

토가족 아낙네들은
봄나물을 뜯고 꽃을 꺾어서는
그리는 사람에게 바쳤다네
그것을 노래로 우리를 반겨주네

토가족 젊은이들은
자연 속에서 자연대로 살아온
천연의 모습을 펼쳐 보이며
오늘은 길손에게 손을 내미네.

☞ 선요만은 보봉호 유람선이 돌아오는 길에 거치는 곳이다. 성벽 같은 바위봉우리로 둘러싸인 협곡에 공연무대가 호수를 향하고 있었다. 이곳은 장가계시 무릉원구에서 소수민족의 공연을 볼 수 있는 유일한 곳이다. '觀看演出'이란 입간판이 우리를 맞이했다. '쇼보는 곳'이란 뜻이다. 차일 밑에 앉아 토가족(土家族) 민속공연을 보았다.(2004. 7. 23)

십리화랑(十里畫廊)

생쥐가 귀를 쫑긋거리고
수탉이 목을 빼고 울었네
천연의 입체 그림 십리화랑

할아버지는 약초를 캐고
황왕천자는 책을 읽고 있었네
어느 큰 분이 그려놓은
살아 움직이는 산수도 병풍

남편을 기다리는 세 자매도
아기를 어르는 부부도 모두가
행복에 겨운 모습이었네

나도 한 점 그림으로 남아
저렇게 수려하고 청아하게
영혼을 닦고만 싶네. 여기서는.

☞ 왕복 5km 계곡이 모두 그림 같다 하여 십리화랑이라 한다. 갈 때는 모노레일을 타고 가며 약초 캐는 할아버지·쥐바위·가족바위·식지봉·세자매봉 등 기이한 봉우리와 암석을 구경했으나 관광객이 밀려 내려올 때는 걸어오며 계곡물에 발을 씻었다. 한증막 같은 더위가 씻겨나갔다. 여기가 바로 무릉도원이구나 했다.(2004. 7. 23)

금편계곡 (金鞭溪谷)

금편계곡은 터널이었다
푸른 숲이 나를 에워싸고
바위기둥은 숲을 둘러싸고
하늘이 그 밖을 덮고 있더라

봉우리 사이사이 좁은 틈새로
하늘이 조각조각 비집고 들어와
바람소리로 계곡을 흘러가고
매미소리는 봉우리로 기어올라
먼 하늘 끝에서 노래가 되더라

덮쳐올 듯 치솟은 봉우리들이
계곡물 감발에 구름띠를 두르고
숲을 헤치고 바위를 밀어내며
나를 바짝 따라오고 있더라
금편계곡 이십 리 터널에서는.

☞ 금편계곡은 유네스코 지정 국립공원이다. 깎아 세운 듯한 돌기둥과 봉우리 사이로 수정처럼 맑은 물길이 노마완에서 수요사 문까지 7.5km의 협곡을 감돌아 흘러 수많은 호수와 폭포가 절경이다. 수요사 문에서 2km쯤 걸었을 때였다. 좀 피로했다. 교감이 금방 알아채고 가마를 불렀다. 덕택에 편히 갔다.(2004. 7. 23)

도중(途中)

중국 땅 대용비행장에서, 또
함양행 비행기가 연발(延發)이다
대합실에서 지루하게 기다리던
한 사내가 사설을 시작했다

이렇게 떼거리로 놀러만 싸다니니
비행기인들 어디 제 정신이겠어
할 일 없으면 낮잠이나 잘 것이지
뭘 보겠다고 이 ××들인지

지금 우리는 죽자구나 일해도
허리띠를 졸라매야 할 판인데
쥐뿔도 없는 것들이 으시대며
흥청망청 제돈 쓰고 욕이나 먹는
머저리 궁상들이 핫바지라니까

저 보따리들을 보라구
저렇게 싹쓸이 관광을 하니
나라 체면도 엉망진창이지만
국제사회에선 동네북이지 뭐야

뭐! 나? 나야 입장이 좀 다르지
딸린 졸개가 많은데 어쩌겠어
여러 나라를 수없이 다녔지만
여긴 첨이니 보따리가 클 수밖에
돌고 도는 게 돈이라지 않나
쓸 땐 써야지. 안 그래? ㅎㅎㅎ.

☞ 서안 함양에서도 비행기가 결항되어 두 시간이나 기다렸는데, 장가계 대용에서도 한 시간이나 연발이었다. 그 때문에 한 사내의 넋두리를 들었다. 우리 관광태도의 비판이었다. 사내의 논지는 '내가 하면 로맨스고 남이 하면 스캔들'이라는 격이었지만 일리가 있었다. 그날 밤, 늦게 함양에 도착했는데, 수하물로 부친 내 가방이 오지 않았다.(2004. 7. 23)

Ⅳ. 가깝고도 먼 이웃

1. 저무는 바다 __ 082
2. 트로피컬 쇼 __ 083
3. 내 안에 파도가 __ 084
4. 공해상에서 __ 085
5. 킨고만 __ 086
6. 가고시마 __ 087
7. 사쿠라지마 __ 088
8. 사랑의 편지 __ 089
9. 매점에서 __ 090
10. 성산온천 __ 091
11. 나가사키 __ 092
12. 하우스텐보스 __ 093
13. 벽화의 방 __ 094
14. 평화공원 __ 095
15. 목이 멘다 __ 096
16. 진주관음보살 __ 097
17. 테지마 __ 099
18. 일본, 일본 사람들 __ 100
19. 나만 깨어 있어 __ 101
20. 산다는 것은 __ 102
21. 지도를 보며 __ 103

나가사키 하우스텐보스

《J.J.루소》는 『에밀』에서 「여행에는 방법을 생각하지 않으면 안 된다. 자기가 알고 싶은 대상으로 눈을 돌려야 한다. 여행에서 얻은 것이 독서로 배운 것보다 못한 사람이 있는 이유는 여행을 생각 없이 하기 때문이다.」라고 했다. 아이들을 가르치는 우리는 이웃을 바로 알아야겠다는 생각에서 선생님들을 데리고 5박 6일의 일본 여행을 했다. 그리고 아이들이 현장학습보고서를 쓰듯이 선생님들도 여행으로 얻은 견문을 써서 연수록으로 엮었다.

저무는 바다

비늘을 번쩍이며
수억만 톤 무게로
꿈틀대는 서해바다

허연 이빨을 드러내고
우르르 달려와서는
뱃전을 물었다가

슬그머니 물러서는
여유로움

한번쯤은
발톱을 세우고
포효할 수도 있을 텐데

오늘은
너무 유순하구나
황혼의 서해바다.

☞ 오후 3시에 스쿨버스로 학교를 출발했다. 서해안 고속도로는 상행선은 밀리나 하행선은 순조로워서 4시에 평택항에 도착했다. 아산만개발과 함께 평택은 동북아허브항을 꿈꾸며 추진한 국책항이지만 아직은 공단유치도 정기여객노선도 여의치 않아 한가로웠다. 오후 6시부터 출국검사와 승선이 이루어졌고, 7시에 SuperStar Capricorn(山羊星號)의 은백색 선체가 요동을 시작했다. 드디어 출항이다.
(2003. 7. 20)

트로피컬 쇼

그들은 사랑스러운 새들
작은 얼굴에 뾰족한 부리

어깨에 오색 깃털을 달고
강렬한 음악의 선율에 실려
현란한 조명 속을 날아다닌다

깃털을 풀어 무지개로 띄워라
누리에 넘치는 환희의 빛깔

그들은 귀여운 물고기떼
비늘 옷을 눈부시게 반짝이며

출렁이는 음악의 물결을 타고
무대 위를 파닥거리며 헤엄친다

파도에 몸을 실어 흐름에 맡겨라
대양을 누비는 사랑의 몸짓.

☞ 승무원 500여 명에 여행객 700여 명을 수용할 수 있는 유람선이다. 오후 8시 15분부터 6층 '갤럭시 오브 더 스타홀'에서 환영 콘서트를 했다. 필리핀 여가수의 열창에 우리 여선생들도 함께 어울려 춤을 추기도 했다. 9시부터는 브라질 트로피컬 쇼가 있었다. 작은 얼굴에 뾰족한 콧날을 한 이국 소녀들의 춤을 보며 극락조(極樂鳥)의 군무(群舞)나 비어(飛魚)의 비상(飛上)을 생각했다.(2003. 7. 20)

내 안에 파도가

밤이 가면 새 날이건만
어둠이 짙어가자
바다는 별리에 몸부림친다

수만 겁 전생의 인연으로
순간의 현생을 얻는 거라면

만남의 기쁨도
이별의 슬픔도
한 줄기 파도인 것을

파도 위에 배가 있고
배 위에 내가 있고
내 안에서 파도가 인다.

> ☞ 선상에선 '컨츄리 앤 호에다운 팀 나이트 파티', '수퍼스타 카프리콘 빙고', '크루즈 스텝과 함께 하는 디스코', '스타쉽 디스코', '영화 상영' 등이 새벽 2시까지 계속이다. 이런 것을 즐기는 것이 유람선 여행이란다. 하지만 어디에도 어울릴 줄 모르는 나는 방으로 들어갔지만 잠이 오지 않았다. 선내를 한 바퀴 돌았다. 도서관과 아기놀이방은 비어있는데, 빠징고장과 가라오케와 주점은 붐비고 있었다.(2003. 7. 20)

공해상에서

바다는 수많은 손을 뻗쳐
배를 밀어주고 있었다

길을 끊어놓기도 하고
길을 이어주기도 하는

육지를 갈라놓기도 하고
합쳐주기도 하는 바다

모든 것을 죽이기도 하고
모든 것을 키우기도 하는

지독하게 단순하면서도
무지하게 복잡한 바다

그 바다가 배를 밀었다.
나를 따라오고 있었다.

☞ 바다는 흐려있고 보이는 건 물결과 구름뿐이었다. TV로 위치를 확인하니, 배는 제주도 남서쪽 공해상에 있었다. 갑자기 내가 캡슐을 타고 우주로 던져진 것 같은 생각이 들면서 외로움이 엄습해 왔다. 재미있게 지낼 아지트가 있다는 선생도 있고, 바다에서 괴상한 고기떼를 보았다는 선생도 있었다. 그러나 나는 아무 것도 없다. 그래서 외로운 거다.
(2003. 7. 21)

킨코만

칠월 한더위에
지쳐 누운 검은 물결

가파른 기슭을 따라
따개비로 앉은 집들

여기가 킨코만이네
가고시마의 큰 현관

임진 · 정유 왜란 때는
침략군의 기지였고

우리의 도공(陶工)들이
끌려왔던 통한의 땅

천지에 바람은 자도
가슴속엔 물결이 높다.

☞ 평택에서 40시간 만에 가고시마의 킨코만(錦江灣)에 도착했다. 사쓰마(薩摩)와 오스미(大隅)의 두 반도에 둘러싸인 킨코만은 가고시마만(鹿兒島灣)이라고도 하는데, 남북의 길이가 70km, 동서의 너비가 20km나 된다고 한다. 쿠로시오(黑潮)의 영향을 받아 비가 많이 오는 아열대성 기후이며, 어제까지는 전례 없이 큰 비가 내려 20여 명의 사상자가 났고, 지금은 군인들이 수재 복구를 하는 중이라 했다.(2003. 7. 22)

가고시마

일본의 땅 모양은
몸을 풀고 엎드린 도마뱀
그 꼬리에 붙은 규슈 땅

거기에서도 제일 아래
은밀히 숨겨진 가고시마는
생산을 위한 교접기인 것

일찍 유럽과 무역을 했고
최초로 기독교가 들어왔고
영국유학생을 처음 보냈으니

남 먼저 서양과 교접하여
새로운 문물을 받아들여서
오늘의 일본을 낳은

가고시마는
새 문화의 수란관(輸卵管).

☞ 고시마 관광은 화산과 온천(CKAG-A), 사무라이가와 심수관(CKAG-B), 이부수키 온천(CKAG-C) 등 3개 코스인데, 우리는 CKAG-A코스다. 오전 10시에 입국수속을 하고 상륙했다. 일본지형은 도마뱀이다. 삼각형의 홋가이도(北海島)가 머리이고 불룩한 배를 깔고 엎드린 혼슈(本州)는 몸통이며 규수(九州)는 꼬리가 된다. 가고시마는 꼬리 밑 깊은 막장(錦江灣)에 있어 도마뱀의 생식기에 해당한다.

(2003. 7. 22)

사쿠라지마

왜 생각을 못 하느냐
태초에는 땅덩이 모두가
한 개 불덩어리였던 것을

아직도 그 열정이 살아있어
불을 토하며 으르렁거린다는
사쿠라지마의 분화구

웬일일까 오늘은
조용히 입을 다물고
침묵으로
우리를 돌려세운다.

☞ 사쿠라지마(櫻島)는 가고시마에서 4km 거리인 킨코만(錦江灣) 가운데 있는 화산섬이다. 섬이라고 하지만 1914년에 화산이 폭발하면서 터져 나온 30억 톤의 용암으로 오스미반도와 이어져 있다. 34℃의 폭염 속을 정재근 선생과 유노히라(湯之平) 전망대의 낮은 언덕을 한 바퀴 돌았다. 아직도 연기를 뿜는다는 산봉우리가 쳐다보이는 전망대는 화산암과 억새의 조화가 이채로웠다.(2003. 7. 22)

사랑의 편지

성산에서는 편지를 쓰란다
보고 싶은 모든 이에게
그리운 마음을
알알이 적으란다

오늘이 가고 내일도 저물고
어느 순간 나도 떠나가고
많은 세월이 흘러간 먼 훗날

세상 어느 한 귀퉁이에
내 그리움의 마음 한 조각도
호박(琥珀)에 든 모기처럼
화석으로 남길 바라며

이 아름다운 성산에서
사랑의 편지를 쓰란다
세상 모든 이를 향하여.

☞ 시로야마(城山)는 가고시마가 한눈에 내려다보이는 전망대로 아열대림이 울창했다. 전망대 한켠에는 일본 황태자가 심은 공손수(公孫樹)가 있고, 그 반대편에 『俳句 短歌ポスト』가 있었다. 하이쿠(俳句)는 와카(和歌)와 함께 일본 시가문학의 두 산맥이라고 하는 짧은 형식의 시(詩)다. 그리운 사람에게 하이쿠 한 수를 써서 편지로 보내라는 우체통 같았다.
(2003. 7. 22)

매점에서

유형의 세상도
무형의 세월도
수유간(須臾間)이고

부러움도 아쉬움도
마음에서 생멸하는
한 점 성화(星火)인데

만나고 헤어짐이
서로에게 무엇이 되어
어떤 의미로 새겨질까?

잠시 스쳐가는 인연에서도
감격하고 부러워하며
아쉽게 돌아서는 나에게

메뚜기 이마에 뻐드렁 이빨을 한
안짱다리의 사나이가
내시 같은 웃음을 준다.

☞ 시로야마전망대 아래에는 정한론(征韓論)을 주장하며, 세이난(西南) 전쟁을 일으켰다가 패한 사이고 다카모리(西鄕雄盛)가 할복자살한 동굴이 있다. 그래서인지 전망대 주차장에는 다카모리의 목각형과 사진이 인쇄된 수건·보자기 등 관광 상품이 많았다. 가게 주인이 오랜 친구를 대하듯 정다운 웃음으로 맞이했다. 일본인 특유의 친절이었다.

(2003. 7. 22)

성산온천

화산이 바라보이는
시로야마(城山) 온천에
몸을 담근다

수억만 년을 두고
땅 속에 꽁꽁 숨겨서
가슴으로 데워 온 물은

이곳으로 흘려보내어
사람들을 불러 모으고

물을 데우던 불은
저기로 뿜어내는구나
사쿠라지마의 화산.

☞ 시로야마공원 아래 있는 Castle Park Hotel(城山觀光ホテル)에서 온천욕을 했다. 피부가 뱀장어껍질처럼 매끄러워졌다. 사쿠라지마가 한눈에 건너다 보였다. 휴게실에는 신문 걸이에 돋보기가 준비되어있었는데, 약(弱:40歲), 중(中:50歲), 강(强:60歲)으로 구분하여 놓았다. 남을 위한 배려가 놀라웠다.
(2003. 7. 22)

나가사키

굶주린 배를 안고
밀항한 우리 형제들이
꿈을 접던 오무라 수용소

히로시마에 이어 두 번째로
원폭을 맞은 저주의 땅에서
슬기롭게 일어난 항만도시

데지마사료관과 공자묘가 있고
네덜란드상관유적이 있으며
평화공원과 원폭자료관과
일본 최고의 성당이 있어

넘치는 이국정서와
아픈 역사와 영욕의 자취가
함께 살아 숨 쉬는 나가사키.

☞ 나가사키(長崎) 관광도 3코스 중 하나를 선택하게 되어 있다. 우리가 선택한 하우스텐보스와 평화공원은 105$로 제일 비싼 코스다. 나가사키는 규수에서도 중요한 항구로 1570년 포르투갈 사람들이 무역거점으로 삼으면서부터 국제무역항으로 떠오르기 시작했다. 그래서 포르투갈·네덜란드·중국·미국 등 여러 나라풍의 집과 거리가 조성되어 이국의 풍광을 고루 느낄 수 있는 곳이었다.(2003. 7. 23)

하우스텐보스

잔잔한 오무라만 기슭에
소꿉놀이 아이들처럼
옹기종기 모여 앉은
중세 유럽풍의 별장들이 있고

사철 오색 꽃으로 덮인
드넓은 광장을 건너면
운하가 흐르고 풍차가 돌고

바로크 양식의 정원을 끼고
네덜란드 왕궁과 극장과
박물관과 미술관이 있어

물과 꽃과 풍차의 나라가
원색으로 박제되어 있는
여기는 일본 속의 네덜란드.

☞ 하우스텐보스는 오무라만 북단에 네덜란드풍으로 꾸며진 계획도시다. 운하의 흐름을 따라 구역을 나누고 벽돌로 장식한 길, 꽃으로 꾸며진 광장, 중세 유럽풍의 석조건물, 네덜란드의 왕궁과 박물관, 극장과 미술관, 유럽풍의 별장지대와 테마공원 및 위락시설이 황홀하리만큼 아름답게 갖추어져 있다. 네덜란드궁전·유리박물관·돔투른 전망대·호라이존 어드벤처·운하와 꽃밭 등을 돌아보았다.
(2003. 7. 23)

벽화의 방

망망한 북해의 파도에는
그렇게도 신이 났던
바다의 제왕 바이킹들이

벽화의 방 캔버스에서는
잔잔한 물결에 몸을 맡기고
맥없이 흘러가고 있었다

까마득히 쳐다 뵈는 돔에는
불구름이 휘몰아쳐도
바이킹의 배들이 떠있는
백자소변기 안은 잔잔하다

바이킹은 고요가 싫다
바다를 주름잡는 제왕이기에
풍랑이 와야 신이 나는데
여기는 너무 적막하다.

☞ 팔래스하우스텐보스는 베아트릭스여왕의 궁전을 본뜬 집인데, 안에는 미술관과 벽화의 방이 있다. 벽화의 방은 40명의 세계적인 화가들이 4년에 걸쳐 그린 일본 최대의 벽화로 꾸며져 있다. 높이가 19m나 되는 돔 모양의 벽에는 소년의 꿈을 통해 전쟁의 참극과 인류 미래에 대한 이야기가 그려져 있는데, 백자소변기 속 3척의 바이킹 배가 인상적이었다. 또 고동치는 심장과 숨쉬는 대지를 상징하는 바로크식 정원도 환상적이었다.(2003. 7. 23)

평화공원

일본에는
두 곳에 평화공원이 있다.
히로시마와 나가사키

굶주려 본 자만이
밥의 소중함을 생각하고

병고에 시달려 봐야
건강의 귀함을 아는 법이니

원자탄을 맞은 곳만이
평화를 생각하라는 건가?

평화를 공원으로 팔고 있는
히로시마와 나가사키.

☞ 1945년 8월 9일 오전 11시 2분에 나가사키에 원자폭탄이 떨어졌다. 8월 6일 아침 8시 2분 히로시마가 폭격당한지 3일만이다. 그래서 히로시마와 나가사키에는 똑같이 평화공원이 있고 원폭기념물들이 있다. 평화공원 옆에는 원폭자료관, 평화회관, 시립박물관이 있다. 평화공원과 원자탄이 떨어진 중심지와 원폭희생자 추모비 등을 돌아보았다.
(2003. 7. 23)

목이 멘다

어쩔거나
어찌할 거나
갑자기 목이 멘다.

追悼! 原爆朝鮮人犧牲者.
(추도! 원폭조선인희생자)

낡은 태극기 한 장과
비에 젖은 종이학 몇 두름

두고 온 초가삼간
눈물 젖은 어머니 품으로

끝내 못 돌아가고
한 덩이 돌로 잠들었구나
이름 없는 우리 궁민(窮民)들.

왜 그랬을까.
무엇 때문이었을까?
말을 잊고 하늘만 쳐다봤다.

☞ 일본은 1910년 '일한병합조약' 후 우리나라 사람들을 끌어다 강제노동을 시켰다. 당시 일본 내무성 발표에도 1945년까지 200만 명 이상이 끌려갔고, 나가사키현에만도 약 7만 명이 있었다는데, 주로 힘든 토목공사에 동원되었다고 한다. 그러다가 나가사키 원폭으로 1만 명 정도가 희생되었다고 한다. 그러나 장기원폭조선인희생자(長崎原爆朝鮮人犧牲者) 추모비는 너무 초라했다.(2003. 7. 23)

진주관음보살

죽어간 축생들의 혼백을 위해
우리 조상들은 도수장에도
수혼비(獸魂碑)를 세우고
왕생극락(往生極樂)을 빌었다

오무라만 뗏목 아래에는
가슴에 상처를 안은 조개가
얼마나 많이 죽어갔을까?
사람들의 허영을 위해

자혜(慈惠)는 깊을수록
투명한 사리로 영글고
고초(苦楚)는 심할수록
해맑은 진주로 굳는다지

뼈를 깎는 고통을 다스려
한 알 방주로 익혀주고
죽어간 조개의 생령을 위해

목각 진주관음보살이
진주전시장 한켠에서
두 손에 방주를 받쳐 들고
극락왕생을 빌고 있었다.

☞ 평화공원을 나와 오무라 성당 쪽에 있는 나가사키 원폭조선인희생자 위령비를 참배했다. 천 개의 종이학을 접으며 죽어갔다는 소녀상을 보며 진주전시장으로 향했다. 하우스텐보스 앞 오무라만(大村灣)에는 진주를 양식하고 있다고 했다. 거기에서 나는 진주를 직접 가공·전시·판매하는 곳이라 규모가 컸다. 전시장 한 쪽에 진주목걸이를 받쳐 들고 서있는 진주관음보살상이 이채로웠다.(2003. 7. 23)

데지마

옛날 중국에는
산을 옮긴 이야기가 있지만
나가사키(長崎)의 데지마는
상인들이 만든 섬이란다

본디는 일본에 없던 땅
그래서 치외법권이었기에

포르투갈 장사꾼들이 모여들고
네델란드 무역상사가 옮겨오고
데지마는 작은 유럽이 되었단다

오무라항의 물결은 오늘도
고향 생각에 잠 못 드는 섬을
얼르고 달래며 밤을 지샌다.

☞ 데지마(出島)는 에도시대 초기인 1634년에 장사꾼들이 돈을 모아 만든 인공섬이다. 섬이 만들어지자, 포르투갈 사람들이 모여들었다. 1639년 포르투갈과의 무역이 폐지되자, 히라도에 있던 네델란드 무역상사도 옮겨왔다. 그래서 이 섬은 유럽문화를 받아드리는 창구 역할을 해왔다는데, 유람선으로 향하는 길에 스쳐 지난 데지마는 섬이 아닌 평범한 시골 항구도시에 불과했다.
(2003. 7. 23)

일본, 일본 사람들

모든 게 비좁고 조그맣다.
좁은 길에, 조그만 자동차
낮은 집에, 키 작은 사람들

그렇지만 그들은
얕은 곳을 깊게 보고
좁은 곳을 넓게 산다

집안은 가난해도
나라가 부자인 것을
자랑스럽게 생각하고

개인일 땐 상냥해도
집단일 땐 냉혹한 것이
그들을 거인으로 만들었다.

☞ 일본 사람들은 겉으로는 약하지만 속으로는 강하다. 그래서 버들에 비긴다. 버들은 미풍에 흔들리지만 강풍에도 꺾이지 않는다. 또 찰흙에 비기기도 한다. 개인은 미세하고 부드럽지만 집단이 되면 무서우리만큼 단단히 뭉쳐진다. 가고시마의 가미가제 특공자료관이며, 나가사키의 시마바라 사무라이의 집이 그것을 역사적 사실로 증명하고 있다.
(2003. 7. 23)

나만 깨어 있어

갑판에 나와 밤바다를 보니
모두가 먹물에 잠겼더라

검은 물결과 검은 구름
검은 섬과 검은 안개로
사방은 혼돈(混沌)이더라

이 혼돈의 세계 한쪽에
우리나라가 있고
또 다른 한 끝이 일본인가

창세기의 첫날을 빛으로 연
어느 큰 분을 떠올리며

오직 나만 이 밤 깨어 있어
한 점 빛이 되고 싶구나.

☞ 선실에 「수건과 장식품 및 객실에 제공되는 편의품은 객실에 남겨 주시기 바랍니다.」라는 안내문이 있는데, 영어로는 「IMPORTANT NOTICE」, 중국어로는 「重要 戶事」인데, 한글로는 「경고문」이라고 써 놓았다. 민족적인 모멸이다. 날이 저물고 있었다. 배는 나가사키를 떠나 공해상으로 들어서고 있었다. STAR CRUISES 여행 5박 6일도 저물고 있다.
(2003. 7. 24)

산다는 것은

산다는 것은 어차피
정해진 항로를 가는 일이다

바다는 망망(茫茫)하고
하늘은 막막(漠漠)하다

그 바다와 하늘 사이를
배가 가고, 내가 간다
모두가 항해 중이다

산다는 것은 어차피
정해진 궤도를 가는 일이다

세화(歲華)는 무한(無限)이고
혼원(混元)은 무변(無邊)이다

그 세화와 혼원 속에
지구가 있고, 내가 있다
아직은 살고 있는 중이다.

☞ 새벽 갑판에 나가보니, 배는 망망대해에 한 장 풀잎처럼 떠있고, 승객은 영원처럼 단꿈에 젖어있다. 광망(曠茫)한 우주 속을 운행하는 지구는 티끌만도 못한 것이다. 거기에 붙어살고 있는 우리의 존재를 생각해 본다. 배가 가는 항로나 지구가 운행하는 궤도가 일정하듯이 한 생을 산다는 것도 정해진 노선인데, 사람들은 왜 그렇게도 사욕과 독선과 아집에 집착할까?(2003. 7. 25)

지도를 보며

지도를 펴고
지나온 여정을 돌아본다

우리나라 모양은
대륙을 향해 치닫는
백수의 왕, 호랑이

그러나 아직은
허리가 묶여 있어
고통스럽기만 하다

일본은 목도리 도마뱀
현해탄 저 너머로
버려진 넝마처럼 떠있지만
공룡을 꿈꾸며 꿈틀거린다

가고시마와 나가사키는
아픈 역사의 고비마다
우리의 피를 요구했던 땅

지도를 보며
창파에 충혼을 묻은
호국 영령들을 생각한다.

☞ 일본은 우리와 갈등과 애증이 수없이 교차되었기에 가깝고도 먼 나라일 수밖에 없다. 그래서 학교가 히로시마와 7년간이나 교류했지만 나는 가기가 싫었다. 이번 연수여행도 선생들을 인솔해야 하기 때문에 빠질 수가 없었다. 일본은 지금 외국 파병을 합법화했고, 전범들의 위패가 있는 야스쿠니 신사 참배를 하는 각료들이 늘어가고 있음을 우리는 주목해야 한다.(2003. 7. 25)

V. 하노이에서 씨엠립까지

1. 연수를 떠나며 __ 106
2. 하노이 __ 107
3. 탕로이호텔 __ 108
4. 아오자이 __ 109
5. 하롱베이 __ 110
6. 아침 산책 __ 112
7. 호치민 묘소 __ 113
8. 라이따이한 __ 114
9. 호안끼엠호 __ 115
10. 캄보디아 __ 116
11. 킬링필드 __ 117
12. 앙코르 와트 __ 118
13. 앙코르 톰 __ 119
14. 바이욘 사원 __ 121
15. 타 프롬 사원 __ 122
16. 프롬 바켕 __ 124
17. 톤레샵 호수 __ 125
18. 수상촌 사람들 __ 126

앙코르 와트

베트남 하면 일제 때 배급받았던 안남미와 전선도 없는 싸움터에서 제복도 없는 군인들과 생사를 겨루었던 월남전과 보트피플, 라이따이한 등이 떠오른다. 모두가 우리와 무관하지 않다. 캄보디아도 그렇다. 동남아 전체를 지배하며 앙코르문화를 건설했던 크메르 대제국이 지금은 세계 3대 최빈국에다가 인간이기를 포기한 킬링필드의 대학살로 국민의 3분 1을 땅에 묻은 아픔을 안고 있다. 우리와 비슷한 점이 많다. 그래서 이 나라를 돌아보고 우리 아이들에게 역사의 교훈을 바르게 가르쳐줄 안목을 길렀으면 했다.

연수를 떠나며

여름방학 시작 첫날이다.
아이들에겐 즐거움의 시작이지만
선생님들은 평상적인 일과를 벗어나
자신을 개선하는 기회의 시작이다.

막힌 공간 좁은 교실에서
오늘을 생각하고 조국을 말하다가
열린 공간 넓은 땅을 찾아
세계를 보고 미래를 설계할 호기다

아오자이와 라이따이한으로 연상되는
베트남에서 우리의 통일을 생각하고
앙코르 와트와 킬링필드를 보며
역사의 바른 길을 알고자 한다

아이들은 방학으로 쉬어도
선생님들은 그럴 수 없다.
새로운 공부를 위한 개학을 하고
큰 것을 배우러 현장학습을 간다.

☞ 평소처럼 7시에 학교로 갔다. 오늘부터 교실바닥 공사와 전기배선, 수도관 교체 및 급식실 시설개선 공사를 시작한다. 금년 들어 학교가 일신했다고 부형들도 좋아하고 학생 수도 늘었다. 이번 선생님들의 해외연수가 새로운 활력이 되기를 바라는 마음이다.(2005. 7. 21)

하노이

베트남 사람들은
장대 양끝에 바구니를 달아
어깨에 메고 짐을 나른다

베트남 땅모양은
이렇게 짐을 나르는 기구인
까인을 닮았단다

수도 하노이(Hanoi)는
물안(河內)의 마을이 아니라
물의 도시(水都=首都)였다

물과 숲과 사람이
자존심과 함께 살고 있었다

온갖 것을 한데 담아 나르는
까인과도 같은 방촌이었다.

☞ 밤늦게 하노이 노이바이공항에 도착했다. 비행기가 한국으로 회항한 것으로 착각할 정도로 공항청사가 인천공항과 똑같았다. 알고 보니 우리나라에서 지은 건물이라고 했다. 하노이 시내까지는 35km라는데 차창을 스쳐가는 불란서식 주택들이 퍽이나 이채로웠다.(2005. 7. 21)

탕로이호텔

탕로이호텔(ThangLoi Hotel)은
호수가에 앉아 있었다.
물에 발을 담그고 있었다

이른 아침 창문을 여니
한 아낙네가 물에 들어가
그물을 끌고 있었다

내 어릴 적 우리 어머니가
밭이랑을 호미로 긁어
감자를 거두었듯이

살결이 까만 이 아낙네는
호수바닥을 그물로 긁어
물고기를 거두고 있었다.

☞ 하노이의 첫날은 떠이호(西湖)가에 자리한 탕로이호텔(ThangLoi Hotel) 115호에 짐을 풀었다. 옛날에 용과 구미호가 싸워 생긴 구덩이에 물이 괴어 떠이호가 되었다고 하는데, 둘레 13km에 넓이가 5km²나 된단다. 호텔이 꼭 호수에 떠있는 유람선 같았다.(2005. 7. 21)

아오자이

논(Non)에 가린 작은 얼굴 너머로
윤기 흐르는 치렁한 머리채
오토바이에 얹힌 작은 몸매가
너무나 가냘파서 서러운 찌(Chi)

프랑스풍 거리를 누빌 때면
바람에 펄럭이는 아오자이가
순결한 은빛으로 눈이 부셔라

비바람 몰아간 들판에는
상처 난 풀빛이 더욱 곱듯이
끊임없는 환란에 시달려도
목숨은 물에 씻긴 별빛이라

반투명 옷자락에 얼비쳐
흔들리는 속살이 눈에 감겨
발길마다 무지개가 일더라.

☞ 아오자이(Aodai)는 '긴 옷'이란 뜻으로 베트남의 전통의상이다. 주로 흰색과 하늘색의 하늘하늘한 천으로, 몸의 아름다운 곡선을 효과적으로 노출시켜 매우 선정적이다. 볕가림으로 논(Non)을 쓰고 아오자이와 긴 머리칼을 휘날리며 오토바이를 달리는 모습은 절대적 감동이다.(2005. 7. 21)

하롱베이

하늘에서 용이 내려와(下龍)
해적을 소탕하고 보석은 거두어
바다에 뿌려놓은 것이란다
하롱베이 삼천 개의 섬은

보석으로 된 섬에 석부작 분재
그 삼천 개의 분재를 모아놓은
한 개의 커다란 수반이었다
하롱베이의 바다는

이 비경에 행여나 흠이 될까
새들도 조심스러워서일까?
하롱베이에는 갈매기가 없었다

어느 바다에나
휴지처럼 날아다니는
그 흔한 물새 한 마리 없었다
하롱베이 석부작 수반에는

사람들만 귀여운 아기용을 타고

넓은 수반의 석부작 사이를 누벼
푸른 하늘 구름밭을 날고 있었다
하롱베이 수묵화 산수도에서는.

☞ 하롱베이(Vinh Ha Long)는 하노이 동쪽 바다로 3천여 개의 기둥, 버섯, 선인장 모양으로 솟은 바위들이 장관이다. 베트남 최고절경이며 세계 8대비경의 하나. 1884년에 유네스코가 인류보존 자연유산으로 선정했다. 용의 전설을 상징하여 유람선은 모두 용머리였다.
(2005. 7. 22)

아침 산책

아침을 기다리다 잠을 설치고
추절거리는 빗속을 혼자 나서니
태허처럼 비워진 벌판 끝으로
먼동보다 먼저 아침이 밝아오더라

하롱베이의 아침은 그래서
속으로만 그리다가 잃어버린
애틋한 어린 날의 소꿉사랑처럼
하염없이 비에 젖어 설레임인데

벌판 가득히 도마뱀들의 지저귐
꽥, 꽥, 꽥, 꽥. 꼬르륵!
새날에 맞이할 짝을 부르는 소리

아침을 기다리다 잠을 설친 아침엔
먼동은 어쩌고 날이 먼저 밝아서
기다리던 아침마저 잃게 되더라.

☞ 아침 6시 호텔을 나와 산책을 했다. 넓게 펼쳐진 벌판으로 이슬비가 내리고, 개구리와 도마뱀 소리가 왁자했다. 벌판 끝에는 하롱베이 바다위의 기암괴석들이 구름봉우리처럼 솟아있고, 선착장으로 향하는 넓은 길에는 자전거와 오토바이들이 빗물을 튀기며 지나갔다.

(2005. 7. 22)

호치민 묘소

호치민은 빛을 밝힌 사람
베트남과 베트남 국민들에게
태양처럼 광명을 준
민족의 위대한 지도자였다

전쟁에선 불패의 전략가로
프랑스의 지배를 물리쳤고
미국과도 싸워서 승리한 그는

땅 한 평 집 한 칸 갖지 않아
창공과 대지가 그의 것이었고
결혼도 하지 않고 혼자 살아
국민들이 그의 가족이었다

베트남의 정신적 기둥이며
세계인의 지도자로 추앙받는 그는
정약용의 목민심서를 품고 다니며
커다랗게 살다 간 거인이었다.

☞ 호치민(胡志明) 유해가 있는 묘소는 베트남 국회와 공산당 본부 건너편 바딘 광장에 있다. 호치민은 조국과 민족에게 광명을 가져다준다는 뜻인데, 그는 이름과 같이 강대국 프랑스와 미국을 물리치고 베트남의 독립과 통일을 이룩한 위대한 지도자로 추앙받고 있다.(2005. 7. 22)

라이따이한

삶이란 아픔으로 가꾸는 꽃
바람에 꺾어질까 걱정하고
가뭄에 시들까 조바심하는
그 아픔이 없으면 어찌 꽃이랴

사랑도 아픔이 있어 아름답지
만나면 헤어질까 애태우고
헤어지면 그리워 마음 앓는
아픔만큼 사랑은 고운 거란다

그늘진 역사의 끝자락
소용돌이치는 비바람 속에서
쓸리고 밀리고 날리면서
아픔으로 심었던 뜨거운 사랑

그것이 꽃으로 피었다가
청아한 향기로 떨어져 가고
빈 가지에 남은 불티같은 열매

저문 하늘 먼 울림이 되어
우리에게로 다가오는
아픔의 열매, 라이따이한.

☞ 베트남은 2차 대전 후 남북이 갈리고 우리의 6·25처럼 동족상쟁에 휘말린다. 미국의 요청으로 우리는 1964년부터 30만 명의 군인과 4만 명의 근로자를 보내서 남쪽을 돕는다. 그 결과 라이따이한이라 불리는 한국인 2세가 최대추정 3만여 명 가량이나 태어났단다.

(2005. 7. 22)

호안끼엠호

고려가 달단(蒙古)을 물리치러
팔만대장경을 새기고 있을 때
안남(安南)의 찬(陳)왕조는
칼을 갈고 활을 만들어
달단을 세 차례나 무찔렀단다

명나라 침입을 받아
국민이 도탄에 빠졌을 때
물속에서 거북이가 나와
칼을 줘서 나라를 구했다는
신령스런 호안끼엠호(還劍湖)

거북이는 박제로 변신해서도
국민들의 마음속에 살아있고
호수는 하노이의 성지가 되어
조용히 우리를 맞아 주었다.

☞ 호안끼엠호는 하노이 중심부 아름다운 숲에 싸여 있다. 환검이란 칼을 돌려준다는 뜻인데, 명나라가 침략했을 때 레러이(Le Loi)라는 사람이 이 호수의 거북이로부터 칼을 받아 명나라를 물리치고 돌려줬단다. 그가 베트남 최초의 레왕조를 세운 레타이토(Le Thai To)란다.
(2005. 7. 22)

캄보디아

인도차이나반도를 석권했던
크메르의 영광은 낙엽처럼 지고
역사의 꺼풀만 누더기로 걸친 채
바람 부는 거리에 나앉은 캄보디아

좁아든 국토에 왜소해진 국민들이
잘린 팔다리에 내전의 상흔을 안고
어색한 미소로 이방인을 맞이한다

'여권을 잃으면 대사관에 가야하는데
여권 없이는 절대 들어갈 수 없는 곳이
한국대사관'이라고 안내자가 말했다

여권을 조심하라는 우스개였지만
외국에 있는 한국대사관의 실상이
대개 이러한 게 현실이니 어쩌랴

맨발에 얼굴 까만 아이가 다가와
무표정하게 쳐다보며 손을 내민다
뜨거운 무엇이 가슴을 치밀었다.

☞ 캄보디아는 2세기부터 천여 년 간 인도차이나반도 대부분을 차지했던 크메르제국의 화려한 역사를 가진 불교국가다. 국민은 샴족, 참족, 중국인, 베트남인, 크메르인으로 구성되어 있다. 1990년부터 두 개 정부로 분리, 20년 간 반복된 내전으로 죽음과 기아에 시달려왔다.

(2005. 7. 24)

킬링필드

포탄에 찢긴 대지에도 싹이 돋고
불에 탄 그루에도 움이 트는데
싹도 돋지 않고 움도 트지 못할
킬링필드 유리탑 속의 해골들

우리를 바라보는 뻥 뚫린 두 눈과
턱이 떨어져나간 커다란 입에선
그 날의 경악과 분노가
금방 터져 나올 것만 같은데

너와 나 서로가 하나로 섞여
미움도 원망도 그대로 삭혀야 할
힘없고 이름 없는 이 혼령들에게
왕생극락을 비는 황천강 뱃사공의
애끓는 진혼곡인들 무슨 소용이랴

이제는 굶주림도 두려움도 잊고
사상과 이념으로 다툴 일도 없겠지만
일 천만 가슴 속에 못으로 박혀있을
아픈 기억들은 망각 속에 묻어야할
킬링필드의 이름 없는 고혼들.

☞ 1975년부터 4년간 폴포트(Pol Pot)의 크메르 루즈군에 의해 3천여 불교사원이 파괴되고, 3백만 명이 학살되었다. 킬링필드는 2백 군데나 있는데, 유아들은 생매장하고, 노인은 톱으로 자르고, 임산부는 대창으로 찔러 죽인 살륙의 현장에 유골을 보존하고 있다.(2005. 7. 24)

앙코르 와트

보리수 그늘에서 바라본 앙코르와트는
울창한 숲의 바다에 신기루로 떠있는
별유천지 비인간의 거대한 별자리였다

호수를 건너는 신도 코즈웨이 난간에는
머리 일곱의 코브라 나가가 꿈틀거리고
정면에는 수미산 다섯 봉우리가 우뚝하다

'세상 모든 것은 그 안에 있고
그 안에 없는 것은 세상에 없다' 는
힌두교 성전 마하바라타(Mahabharata)의
방대한 신화와 크메르의 영광이 공존하는
신과 인간이 자리를 함께 한 여기는

부귀도 영화도 강물처럼 흘렀지만
돌에 새긴 사연들은 푸르게 살아
세월 저편에 기억의 숲으로 울창하다.

☞ 앙코르 와트(Angkor Wat)는 힌두교의 신화가 집약되어 있는 신들의 정원이다. 크메르제국의 스리야 바르만 2세의 명으로 9세기경부터 13세기 사이에 건립된 세계에서 가장 큰 종교 건축물로 1992년 유네스코 세계문화유산으로 지정되었으며, 세계 7대불가사의 중 하나이다.

(2005. 7. 24)

앙코르 톰

앙코르 톰으로 건너가는 신도는
난간에 쉰 넷씩의 악신과 선신들이
나가를 껴안고 늘어선 돌다리였다

거대한 보살상의 턱밑으로 열린
높이 20m의 홍예 탑문을 지나니
갖가지 신들이 기다리고 있었다

사람의 몸에 독수리 머리를 하고
비슈누를 업고 다녔다는 새의 신
추녀를 받치고 있는 가루다(Garuda)

화살을 쏘아 남의 사랑을 맺어주고
자신은 놀란 쉬바의 셋째 눈에 비쳐
형체를 잃어버린 사랑의 신 까마(Gama)

우주의 중앙인 메루산을 지켰다는
머리가 일곱인 뱀의 신으로
사원의 난간이 된 코부라 나가(Naga)

영생의 묘약을 만드는 가운데
젖의 바다에서 태어난 요정으로
연꽃 속에서 춤을 추는 압사라(Apsara)

머리와 손만 있는 하늘의 신으로
때때로 달을 물었다 뱉았다 하며
반달이나 월식을 만드는 라후(Rahu)

그들의 눈에 나는 어떻게 비쳤을까
수많은 신들이 반겨주었다
모두가 정다운 얼굴로 맞이했다.

☞ 앙코르 와트에서 북쪽으로 1.5km 떨어져 있는 앙코르 톰(Ang Kor Thom)은 3km의 정사각형인데, 높이 8m의 라테라이트(紅土) 성벽과 너비 100m의 수로로 둘러싸여 있다. 자야바르만 부처와 거인상, 나가(Nagas), 코끼리테라스, 문둥왕테라스 등의 조각이 신기에 가깝다.
(2005. 7. 24)

바이욘 사원

이십만 개의 돌을 쌓아서
쉰 넷의 탑으로 우뚝 선 성역

바이욘(Bayon) 사원 탑의 수는
자야바르만 7세가 다스리던
베트남, 라오스, 태국, 남중국 등
쉰 넷의 지역을 나타냈고

탑마다 네 개의 큰 얼굴은
그 지역을 감시하는
'아바로키데스바라' 라는데

이제는 다스려야 할 지역도
감시해야 할 대상도 없어
너무도 심심해서이겠지

푸른 이끼를 뒤집어 쓴
'아바로키데스바라' 들이
인자한 미소를 머금은 채
나를 따라오고 있었다.

☞ 바이욘사원은 앙코르 톰의 남문을 지나 숲길로 1.5km 거리에 있는 불교사원이다. 사암에 새긴 벽화에는 베트남 참족을 물리치려고 출전하는 자야바르만 7세의 행렬과 몸에 새끼줄만 걸친 크메르 전사들의 모습이며 군악대와 북춤을 추는 무희의 조각들이 살아 움직이는 듯하다.(2005. 7. 24)

타 프롬 사원

타 프롬(Ta Prohm) 사원은
용암처럼 꿈틀거리며 기어든
거대한 나무뿌리에 짓눌려
으스러진 채 엎드려 있었다

찢어지고 으깨어진 사원을
큰 나무들이 둘러서서
말없이 내려다보고 있었다.

허물어진 사적이 가엾어
붙잡아 감싸서 받쳐주고
일으켜 세우려는 게 아니다

태풍처럼 몰아온 문명이
아름다운 숲의 영토를
잔인하게 짓밟고 유린한 것을
다시 찾으려는 심산(心算)이다

그 미친 문명의 유산을
허물고 부수고 흩뜨려서

본래대로 하려는 몸부림이다

나무들이 뿌리와 줄기로
사원을 덮어서 싸안은 것은
침략의 흔적을 지우려는
눈물겨운 자연의 저항이다.

☞ 타 프롬은 '선조 브라만'이란 뜻인데, 앙코르의 주요 사원을 건설한 자야바르만 7세가 세웠다. 사원 벽에 새겨진 산스크리트어 비문에 의하면 2,700여 명의 스님과 600여 명의 무희들이 있었으며, 3,000여 개의 마을을 이 사원이 관리했다고 한다.
(2005. 7. 24)

프놈 바켕

오면 반드시 떠나기 마련이고
만나면 언젠가는 헤어지나니
떠나고 헤어짐을 미리 알고
손 흔들어 보냄은
얼마나 큰 아름다움인가?

해지는 산마루에 올라서서
저무는 하루를 축복으로 보내는
그 아름다운 감격을 맛보고저
몸이 달도록 기어오른 언덕

비가 내리고 있었다
구름장막이 하늘을 가리고
일몰이 슬퍼 흘리는 눈물인가?
바켕이 흥건히 젖고 있었다.

☞ 프놈 바켕(Phnom Bakheng)은 일몰이 일품이라지만 날씨가 궂어 볼 수 없었다. 62m의 정상에는 천문을 관측했던 108개의 탑으로 된 사원이었다는데 지금은 거의 폐허였다. 멀리 앙코르의 유적들이 한눈에 들어왔다. 저녁은 수하래에서 민속춤 압사라를 보며 뷔페로 했다.
(2005. 7. 24)

톤레샵 호수

시간이 모여 세월이라지만
세월보다 깊은 시간 속에
농염의 자세로 누워있는 호수

쌓인 여한만큼이나 깊은
동양 최대라는 물길은
얼마나 많은 눈물을 섞었을까

한 올 영겁의 인연 위에서
찰나의 만남과 헤어짐에
무슨 애증이 그리 간절한지
돌아서는 발길이 무거웠다

붉은 황토벌에 누워서
푸른 하늘을 우러르는
육지 속의 붉은 바다. 톤레샵.

☞ 캄보디아 중앙에 있는 길이 160km의 톤레샵 호수는 어족자원과 수로교통으로 중요한데, 메콩강 황토로 석양에는 호수 전체가 찬란한 황금빛으로 경이롭단다. 바이욘사원 벽화에는 참족과 싸우다가 죽은 크메르 전사들이 톤레샵 호수의 물고기 밥이 되는 장면이 그려져 있다.(2005. 7. 25)

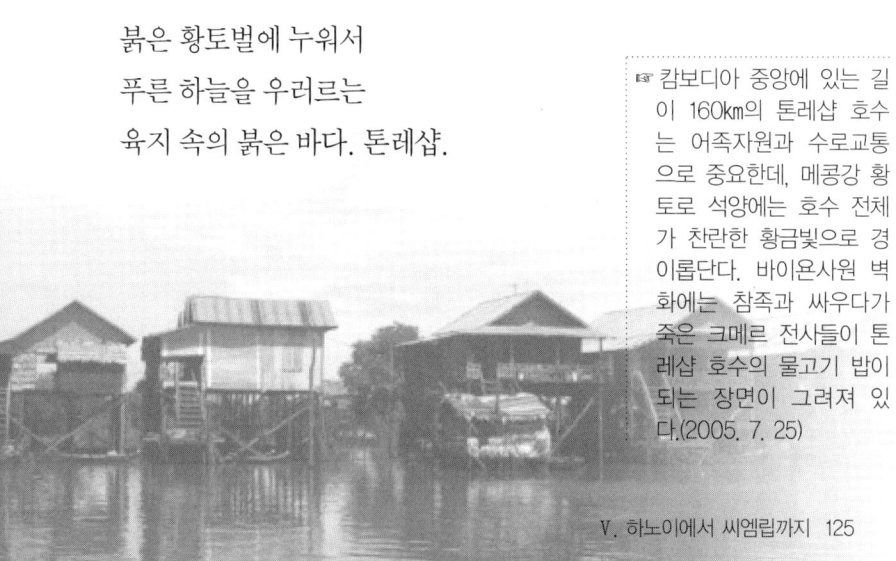

수상촌 사람들

어머니는 역마살을 막는다며
신발은 늘 안쪽으로 돌려놓았다
조상이 살던 터를 지키란 거였다

톤레샵 호수가 육지와 맞닿아
물과 뭍이 손잡은 자리에는
파랗게 부레옥잠이 살고
부레옥잠처럼 뱃집이 떠있더라

세상은 거칠게 흔들리는 바다
세월은 끝없이 흘러가는 물결
그 바다 그 물결에 떠밀려온
부평초 같은 사람들이 살더라

나이도 모르고 호적도 없이
물에서 태어나 물에서 살다가
물로 돌아가 물처럼 흘러버릴
역마살 낀 사람들이 거기 있더라.

☞ 호수에는 사람들이 뱃집에서 살았다. 뱃집에서도 돼지와 개, 닭을 기르고 꽃도 가꾸고 있었다. 우리 민간단체들이 지어준 교실 세 칸 정도의 학교도 있었다. 수상촌 아이들이 알루미늄 함지를 타고 나무주걱으로 물을 저으며 다가왔다. '원 달래!'를 외치며 손을 내밀었다.

(2005. 7. 25)

Ⅵ. 리잘의 푸른 성역

1. 마닐라 __ 128
2. 리잘공원 __ 129
3. 인트라무로스 __ 130
4. 산티아고 요새 __ 132
5. 호세 리잘 __ 133
6. 오세이를 대신하여 __ 134
7. 열대 풀쐐기 __ 135
8. 곽상한 폭포 __ 136
9. 지프니 __ 137
10. 따가이따이 __ 138
11. 조랑말을 타고 __ 139
12. 어메이징 쇼 __ 140
13. 아리랑 __ 141
14. 히든 밸리 __ 142
15. 밀림에서 __ 143
16. 산 어거스틴교회 __ 144

마닐라 리잘공원

우리 국민 1인당 GDP가 100달러 미만이었을 1960년대에 필리핀은 1,000달러가 넘었다. 박대통령은 경제개발을 위해 돈을 빌리러 갔는데, 예우가 형편없었다. 교민들이 분통을 터뜨리자 박대통령은 "괜찮습니다. 우리 국민들이 배불리 먹을 수만 있다면 나는 어떤 대우를 받아도 좋습니다." 하며 교민들의 손을 꼭 잡아주었다는 것이다. 당시 동남아에서는 울며 떼쓰던 아기도 한국에 보내야겠다고 하면 금방 얌전해질 정도로 우리나라는 비웃음의 대상이었다고 한다. 그런데 지금은 필리핀 사람들이 명문대학을 나오고도 한국에 와서 건설근로자나 식모살이라도 할 수 있다면 행운이라고 생각할 정도다. 박정희 대통령이 상황을 바꿔놓은 것이다. 그 필리핀을 직접 보는 것이 교육에 도움이 될 것이라는 생각에서 선생님들 해외연수를 필리핀으로 정했다.

마닐라

옷깃 한번 스치는 찰나도
무량한 세월 속에 가꿔 온
영겁 인연의 결과라는데

한 세대에 태어나 이렇게
오늘을 함께 하는 우리는
얼마나 귀한 인연의 끈이며

눈웃음으로 반겨주는
살빛 깜푸른 사람들의
조그만 체구에서 풍기는 정은
또 얼마나 큰 은혜인가

마닐라는 감미로운 유혹
오랜 세월 내 가슴 한켠에서
수수만 그리움으로 피운 그것은
우담바라였는지도 모른다.

☞ 마닐라는 항구도시로 그 이름은 도시를 동서로 흐르는 파시그강(Pasig River)에 '니라'라는 꽃이 많아서 '마이니라(니라가 있는 곳)'란 말이 '마닐라'로 되었다고 한다. 보통 마닐라라고 하면 행정단위 중 한 부분인 메트로 마닐라(Metro Manila)를 말하는데, 스페인시대부터 정치, 경제, 산업, 문화의 중심지로 발전해 왔다.

(2006. 7. 21)

리잘공원

비가 내린다
반짝이며 눈을 뜨는
잔디밭으로 단비가 내린다

새 잎이 무성한 나무
비에 젖는 가지마다
깔깔대며 매달리는 물방울

바다를 건너온 바람 앞에
찬연했던 젊음과 소망도
절규처럼 흩뿌려야 했던
이 역사의 정원에는 이제

그날의 피와 땀과 눈물이
분수처럼 대지를 차고 올라
파랗게 비에 젖고 있었다

빗방울이 스며든 자리마다
조국 필리핀의 오늘이
꽃으로 피어나고 있었다
리잘의 이 푸른 성역에는.

☞ 리잘공원(Rizal Park)은 마닐라 시내 중심부에 있는데, 동남아시아 최대의 공원 중 하나이다. 식민지 시대에 스페인에 저항한 필리핀의 영웅 호세 리잘(Jose Rizal)이 처형된 장소로 그의 기념비가 있다. 기념비의 앞쪽에는 리잘의 동상이 있고, 뒤쪽에는 그가 처형 직전 조국 필리핀에 남긴 '나의 마지막 작별'이란 시가 새겨져 있다.(2006. 7. 21)

인트라무로스

세상에는 정의 손길이 있어
내 삶이 쓸쓸하지 않게
너를 내 가슴에 들게 하고
내가 가는 길이 어둡지 않게
너를 나의 빛이 되게 했다

세상에는 사랑의 손길이 있어
밤하늘이 썰렁하지 않게
별을 두어 반짝이게 하고
들판이 허전하지 않게
꽃을 피워 생글거리게 했다

세상에는 탐욕의 손길도 있어
필리핀을 한 손에 움켜쥐려고
무기를 가지고 협박을 하고
필리핀을 한 입에 삼키려고
윽박지르고 억누르기도 했다

인트라무로스 옛 땅에는
그 모두의 자취가 있었다
아픈 역사의 편린들이
박제가 되어 멈춰 있었다.

☞ 인트라무로스(Intramu-ros)는 16세기 스페인 식민지시대의 중심인 성채도시로 리잘공원 바로 북쪽에 있다. 스페인은 혼혈정책을 썼는데, 당시 이 성채도시에는 스페인 사람과 스페인·필리핀 혼혈인인 메스티소만 살 수 있었다고 한다. 그러나 제2차 세계대전으로 모두 부서지고 산 어거스틴교회(San Agustin Church) 등 몇 개 건물만 남아있다.(2006. 7. 21)

산티아고 요새

열대의 태양 아래서는
바다도 스스로 작열하는가
마닐라만의 푸른 파도가
뜨거운 입김을 뿜으며
성벽을 끝없이 치받고 있었다

제 땅을 지키려는 사람들을
사슬에 묶어 지하 감옥에 넣고
밀물에 수장시켜 바다로 띄운
그 날의 분노가 폭발하는 건가
파도가 사납게 으르렁거리며
죽자꾸나 달려들고 있었다
성벽을 물어뜯고 있었다

남의 땅에서 주인노릇 하려던
무도한 이적들이 쌓아놓은
이끼 푸른 성벽 아래에는
허수아비 어린 초병 하나가
맥을 풀고 시름없이 서있었다.

☞ 산티아고 요새(Fort San-tiago)는 인트라무로스의 중요 관문으로 북서쪽으로는 바다와 닿아있고, 파시그강 건너로는 차이나타운과 마주한다. 요새 안에는 호세 리잘 기념관과 필리핀 독립 운동가들을 가둬놓았던 방들이 있다. 제2차 세계대전 때는 일본이 점령하고 필리핀인을 지하감옥에 가두었다가 만조 때 수장시킨 장소이기도 하다.(2006. 7. 21)

호세 리잘

공수래(空手來)라 하지 않던가
그래서 빈손으로 태어났지만
갖고 싶은 것도, 가질 것도 많고
할 일도, 하고 싶은 일도 끝이 없어
모든 것이 다 되고 싶었던 사람

화가이고 시인·소설가라는 명예도
학자에다 의사라는 직업도 버리고
부귀와 명예와 권력도 외면하며
오로지 조국의 자주 독립이라는
큰 욕심만 가슴에 품었던 사람

사랑하는 조국을 떠나서
구차하게 목숨을 부지하기보다
조국 땅에 한 줌 흙이 되고저
스스로 형장으로 향했던 리잘

세상에 올 때는 빈손이었지만
갈 때는 조국을 품어 안았으니
공수래 만수거(空手來 滿手去)한
필리핀의 영원한 영웅 호세 리잘.

☞ 호세 리잘(Jose Rizal, 1861~1896)은 필리핀의 국민적 영웅이다. 그는 26세에 스페인 지배에 대한 민중의 불만과 분노를 대변한 『노리 메 탄레시(내게 닥친 것)』라는 소설을 썼는데, 이때부터 외국을 전전하며 필리핀 독립운동을 전개했다. 그러다가 1892년에 마닐라로 돌아왔으나 스페인의 군사재판을 받고 리잘공원 자리에서 총살되었다.

(2006. 7. 21)

오세이를 대신하여

당신과 함께일 때는
하루가 무지개로 뜨고 지고
세상은 온통 푸른 향기로 넘쳤는데

당신이 떠난 지금은
모두가 한순간에 비워지고
아무것도 없다고 생각해서
깊은 절망에 몸부림쳤습니다

그런데, 그게 아니었습니다
떠났다고 생각한 것은 내 안에서
다시 깊은 향기로 넘쳐나고
더욱 강렬한 빛으로 떠올라서
채울 수 없는 갈증이 되었습니다

당신과 함께일 때는
황홀하고 찬란한 나날이었는데
이제는 갈증을 갈증으로 달래며
당신을 찾아 헤매고 있습니다.

☞ 산티아고 요새 안에 있는 리잘기념관에는 일본 여인 오세이의 초상화가 있다고 한다. 리잘의 연인이었던 오세이는 리잘기념관이 만들어지자 생전의 그와 함께일 때 쓰던 집기와 함께 자기의 초상화를 보냈다고 한다. 사후에라도 영원히 함께 하겠다는 뜻이었을 게다. 하지만 우리는 간간이 뿌리는 빗속을 요새의 외곽만 보고 발길을 돌렸다.(2006. 7. 21)

열대 풀쐐기

센츄리팍 수영장 뜰에
커다란 풀쐐기 한 마리
온몸을 독침으로 감싸고
푸른 숲 속에 숨어 있었다

맑은 물, 아름다운 숲은
사랑의 열기로 넘쳐나는데
온몸이 독침인 풀쐐기에게는
아무도 범접할 수 없었다

독침을 버리지 않고는
혼자일 수밖에 없는
커다란, 굉장히 커다란
열대의 풀쐐기 한 마리

무슨 원한이 사무쳤기에
온몸을 독침으로 싸고
누구를 노려서 그렇게
숲 속에 도사리고 있을까?

☞ 숙소가 센츄리팍(Century Park Hotel)이라 마닐라 근방만 관광하게 되었다. 불편하더라도 바닷가에서도 자보고 시골학교도 가보려고 했지만 숙박은 안전문제가 있고, 학교방문은 외교채널을 통해 협의돼야 한단다. 그래서 호텔에서 여유를 갖고 쉬는 시간에 풀장 쪽 숲에 가서 꽃을 사진 찍다가 풀쐐기를 보았다. 굉장히 컸다.
(2006. 7. 22)

팍상한 폭포

스스로 허리띠를 풀고
길을 열어주는 밀림 속으로
물은 굽이치며 흘러내리는데
방카는 기어오르고 있었다

흐름을 따르면 쉬우련만
밀고 당기며 안간힘을 다하는
몸피 작은 사공이 안쓰러워
앉은 자리가 걷기보다 힘겹다

순리에 맡기면 쉬울 것을
굳이 역리를 선택하는 것은
평범한 일상보다는
특별한 순간을 그려서이다.

☞ 팍상한 폭포(Pagsanjan Falls)는 마닐라에서 남동쪽으로 100km 떨어져 있는 세계7대 절경의 하나이다. 두 사람의 사공이 밀고 끌어주는 '방카'라는 통나무배를 타고 울창한 숲과 좁고 깊은 협곡을 1시간 정도 거슬러 올라가서, 뗏목을 타고 폭포물을 맞은 뒤, 다시 방카로 급류를 타며 돌아오는 코스가 일품이다. 주변에 히든 밸리(Hidden Valley)가 있다.(2006. 7. 22)

지프니

따가이따이의
따알호로 가는 길은
꼬불꼬불 내리막이었다

전쟁터를 누볐던 지프의
절박했던 나날과
벌판을 뛰놀던 조랑말의
한가롭던 유전자를
함께 이어받은 탓인가

내가 탄 지프니는
비에 젖은 좁은 길도
지프처럼, 조랑말처럼
비틀거리며 깡충거리며
쉬지 않고 잘도 달렸다.

☞ 지프니(Jeepney)는 우리의 시내버스와 같이 필리핀을 대표하는 교통수단이다. 제2차 세계대전 후 미군이 주고 간 지프를 15명이 탈 수 있는 합승버스로 개조한 것인데, 겉은 운전자의 취향에 따라 요란한 그림과 화려한 색체로 장식을 하고 다닌다. 지프니란 '지프+포니=지프니'로 된 말이다. 뒤쪽으로만 타고 내리며 좁은 길도 잘 다닌다.

(2006. 7. 23)

따가이따이

따가이따이 따알화산을 보면
호수에 둘러싸인 산이 있고
그 산 안에 또 호수가 있어
한 개 커다란 달걀을 떠올린다.

동그란 껍질 안에 흰자가 있고
흰자 안에 노른자인 달걀처럼
산이 분화구를 겹으로 둘러싼
이중 복합화산인 따알화산은
세상에서 제일 큰 달걀이다

달걀은 귀한 사랑의 결정체
씨앗에서 새싹이 돋아나듯
병아리가 돋아날 생명의 열매
저 뜨거운 따알화산에서는
어떤 새 생명이 깨어날까?

☞ 따가이따이(Tagaytay)는 마닐라에서 남쪽으로 70km 떨어진 해발 700m 지점에 자리한 고원도시다. 관광버스에서 내려 지프니로 따알호(Lake Taal) 선착장까지 가서 다시 필리핀 전통배인 방카로 호수를 건너고 다시 조랑말로 따알화산(Taal Volcano)분화구까지 올라간다. 세계에서 가장 작은 활화산이란다. 분화구 안에는 따알화산을 닮은 또 하나의 산이 있다.(2006. 7. 23)

조랑말을 타고

따알화산 분화구를 보려고
말의 등을 빌려 산을 오르네
단돈 10불짜리 어린 조랑말

정상을 다녀오기 까지만
나의 소유인 좁은 말등이
너무 가냘파서 안쓰러웠네

풀 한 줌, 물 한 모금이면
하루의 삶이 족할 것을
제 삶과는 무관한 일에
신고(辛苦)를 반복하는 조랑말

고삐에 묶여 채찍을 맞으며
하루 종일 오르내려야 하는
좁고 가파른 산길만이
그에게 허용된 영역이듯이

그의 등에 오르는 순간부터
엉덩이를 겨우 붙인 안장이
내 소유의 전부임을 알았네.

☞ 따알호(Lake Taal)를 건넌 우리는 곧바로 말을 탔다. 따알화산(Taal Volcano)분화구를 오르는 길은 좁고 꼬불꼬불했다. 올라가고 내려오는 말들은 목을 길게 빼고 지친 표정으로 서로 스쳐 지나간다. 모두 무관심했다. 고삐를 잡고 옆에서 걷던 마부가 가파른 길에서 내 등 뒤에 훌쩍 올라탔다. 순간 내가 내리고 싶었다.(2006. 7. 23)

어메이징쇼

무대가 열리면서
객석이 갑자기 술렁인다

아스라한 이집트의 하늘
람세스 2세의 혼령이
천둥을 몰고 번개를 휘두르며
붉은 구름을 헤치고 나온다

숨을 죽이고 침을 삼키며 나는
흐린 안경을 고쳐 쓴다

박꽃 피는 초가지붕 위로
분홍치마 빛 놀이 드리우고
어디선가 장구 장단에 실려
아리랑의 늘어진 가락이
흐느끼며 다가온다.

뜨거운 무엇이 자꾸만
가슴을 메우며 차오른다.

☞ 어메이징쇼(Amazing Show)는 이멜다 여사가 세웠다는 전문극장에서 100여 명의 스텝과 80여 명의 댄서들로 구성되어 1시간 10분가량 공연한다. 한국, 중국, 일본, 필리핀, 로마 등 각국의 전통 음악과 무용으로 브로드웨이 쇼를 혼합한 초대형 버라이어티 쇼이다. 한국 전통 공연은 한반도기를 무대 배경으로 아리랑을 공연하고 했다.(2006. 7. 23)

아리랑

봄바람에 안긴 목련향기
달빛에 실린 옥피리 소리
'아리랑 아리랑 아라리오……'

무심히 스쳐들어도 언제나
슬픔 같고 기쁨 같은 것이
깊숙한 감동으로 울려오는

가냘프면서도 우람차고
여리면서도 무거운
우리의 한과 원의 울림

슬픔은 기쁨으로 쓰다듬고
기쁨은 슬픔으로 달래며
있어도 없는 듯 살아가는

깡보리밥에 풋고추 같은
'아리랑 아리랑 아라리오,
아리랑 고개로 넘어간다'.

☞ 아리랑은 1998년 유네스코는 인류고전 및 무형유산 걸작을 선정하고 이를 보존하는 개인이나 단체에게 수여하는 '아리랑상'을 제정한바 있는데, 2002년 독일에서 개최된 '세계에서 가장 아름다운 노래 선정위원회'에서는 선정위원 82%의 절대적 지지로 '아리랑' 하나를 선정했다. 이런 우리의 아리랑을 필리핀에서 들으니 가슴이 찡해왔다.(2006. 7. 23)

히든 밸리

밀림은 누가 가꾸고 있나?
화려한 차림의 풀꽃들이
정겨운 웃음으로 맞이하고
하늘로 치솟은 울창한 숲이
우르르 둘러싸며 반겨준다

온천수는 누가 데워 보내나?
낡은 위선을 훌훌 벗어던지고
흐르는 온천수에 몸을 담그니
오늘이란 시간도 가식을 벗고
나를 따라 물로 뛰어든다

숲과 물이 태초의 모습으로
순후하게 살아가고 있는 여기는
한 톨의 때마저 씻기 죄스러운
숨은 계곡 히든 밸리 원시림.

☞ 히든 밸리(Hidden Valley)는 팍상한의 남서쪽에 있는 도시 알라미노스(Alaminos)에서 5km 지점에 있는 밀림과 온천이 있는 휴양지다. 라쿠나 지역의 활화산 활동으로 발달한 온천은 자연 그대로 계곡을 흘러 소다수풀, 러버스풀, 웜풀 등이 조금씩 온도를 달리하면서 열대 밀림 속에 있어 선택적으로 즐길 수 있다.(2006. 7. 24)

밀림에서

바다에만 파도가 있다던가
히든 밸리에도 파도가 있더라
쏴아! 하고 몰아오는 바람도
쏴아! 하고 쏠리는 숲도 파도이더라

계곡과 봉우리를 누비는
무리무리 관광객들은
파도를 헤치는 아롱다롱 고기떼
출렁이는 숲의 파도를 타고
하늘을 오르고 싶은 고기떼

나도 한 마리 바다고기로
숲의 파도를 누비고 있다
이 밀림 속에 녹아들어
푸른 숲으로 살고만 싶다.

☞ 팍상한 폭포도 히든 밸리도 울창한 숲에 덮여 있다. 고온다습한 열대몬순형 기후가 가꾸어낸 열대수목이 원시림을 이루고 있다. 특히 전성기의 이멜다 여사가 수많은 수행원을 데리고 새벽마다 마닐라에서 3시간씩 달려 온천욕과 산림욕을 했다는 히든 밸리는 울창한 숲과 아름다운 꽃과 계곡의 온천이 수많은 관광객을 끌어드리고 있다.(2006. 7. 24)

산 어거스틴교회

허물어진 벽돌 담벽에서
수정처럼 맑은 향기가 난다

좀이 슨 낡은 문틀에서
그 날의 비원과 안위를 느낀다

내 저무는 마음의 지평선에
정갈한 믿음의 역사가 떠오른다

낡을수록 값진 것이 있음을
이 성역에 와서 다시 본다.

☞ 산 어거스틴교회(San Agustin Church)는 1599~1606년 사이에 세워진 석조건물로 1675년 이래 일곱 번의 지진과 제2차 세계대전의 폭격에도 옛 모습을 보존하고 있다. 내부는 파리제품의 샹들리에와 이탈리아 화가의 벽화에 바로크 양식의 장식이 화려하다. 성화와 성직자들의 조각상, 예복과 예배에 쓴 물건들을 전시한 박물관과 성직자의 납골당도 있다.(2006. 7. 25)

Ⅶ. 동남아의 역사와 문화

1. 홍콩의 개변소 __ 146
2. 관음사의 회양목 __ 147
3. 태국의 방콕 __ 148
4. 스코타이 __ 149
5. 싱가포르 __ 150
6. 센토샤 분수쇼 __ 152
7. 맹그로부나무 __ 153
8. 가루다를 타고 __ 154
9. 발리휴양지 __ 156
10. 보로부두르 사원 __ 157
11. 야류해양공원 __ 158
12. 고산족 마을 __ 159

인도네시아

1992년 대우가 후원하는 (사)어린이문화진흥회는 제1회 어린이문화대상 수상자 김종상(문학) 오세균(음악) 홍성찬(미술) 강학중(출판)과 이영호, 이동렬 등 관계자들이 12박 13일간 해외연수로 홍콩, 마카오, 태국, 싱가포르, 말레이시아, 인도네시아, 대만 등을 다녀왔다. 이들 7개국의 교육, 문화, 민속, 자연 등을 골고루 볼 수 있었던 매우 뜻깊은 여정이었다.

홍콩의 개변소

개가 할아버지를 모시고
아침 산책을 하고 있었다
할아버지가 목줄을 잡고
절룩거리며 따라간다

공원 한 모퉁이 나무울타리
개가 할아버지를 돌아보더니
그 곳으로 들어간다

"잠간만 기다려주세요."
"그래, 어서 일이나 봐."
할아버지는 목줄을 놓아준다

아침 햇살은 더욱 곱고
지저귀는 새소리가 영글다

일을 끝낸 개는
뒷발로 모래를 끌어 덮고
기분 좋은 표정으로 나온다

파란 생나무울타리로 된
홍콩 어느 공원의 개변소.

☞ 동양의 진주로 불리는 홍콩은 서울에서 비행기로 3시간 반 거리다. 평지가 없는 바위섬이 해안에서 빅토리아 파크 중턱까지 고층빌딩으로 꽉 차 있다. 돌고래 쇼 등을 관람하고 동양최대의 수상식당 진보(珍寶)에서 광동 요리로 저녁을 하고, 모형황궁에서 황제부부의 의상을 하고 기념촬영을 했다. 숙박은 메트로폴 호텔(京華國際酒店)에서 했다.

(1992. 7. 26)

관음사의 회양목

마카오의 관음사에는
진귀한 보물이 있었네
살아서 자라는 글자나무

나무는 나무이어야지
왜 글자가 되어야 했을까
목숨 수(壽)가 된 회양목

진귀하다는 놀라움보다
집념의 무서움을 생각했네
300여년에 걸쳐 줄기를 휘고
가지를 다듬어 온 집념

나무가 목숨(壽)이 된 탓인가
아직도 싱싱한 모습으로
관광객들의 구경거리가 된
관음사의 회양목 한 그루.

☞ 홍콩 메트로폴 호텔에서 6시에 모닝콜 식사 후 쾌속정으로 1시간 정도 달려서 마카오로 갔다. 김대건 신부가 교리를 공부했다는 세인트폴 성당, 진귀한 수(壽)나무가 있는 관음사, 국경지대의 중국 땅 주해, 동양최대의 도박장이 있는 리스보아호텔 등을 관광하고 홍콩으로 왔다.
(1992. 7. 27)

태국의 방콕

국민의 95%가 불교인
인도차이나의 태국은
인도와 중국문화가 섞여
독특한 비빔문화를 이룩했단다

수도(首都) 방콕(Bangkok)은
물길이 아름다운 계곡
수도(水道) 방곡(芳谷)이었다

부레옥잠으로 덮인 강 위에
시장이 서고 수상가옥이 있어
물길을 따라 일상이 흐르고

빨강, 파랑, 노랑이 눈부신
거대하고 화려한 사원들과
찬란한 불상과 불화가
불교문화의 큰 전시장이었다.

☞ 아침 일찍 CX173기편으로 홍콩을 떠나 방콕에 내렸다. 동양의 베니스라는 말처럼 과연 방콕은 물의 도시였다. 흙탕물인데도 수상가옥에 살면서 그 물을 생활용수로 쓰고 빨래와 목욕도 한다. 한국 식당 '영빈관'에서 점심을 하고 왕궁과 에메랄드사원, 와트아룬(새벽사원) 등을 구경했다.(1992. 7. 28)

스코타이

태국의 첫 왕조 스코타이는
지상에 있는 부처님 땅이었다

사원은 말할 것도 없고
울창한 밀림 속 어디에나
푸른 이끼를 옷으로 걸친
불상들이 기다리고 있었다

빽빽이 늘어선 돌기둥과
옥수수모양의 전탑들이
부처님을 경호하듯
우람한 모습으로 도열해 있어
발길이 조심스러웠다

그 곳에도 사람이 있었다
길을 내고 호텔도 지어놓고
부처님 가르침을 따라 사는
마음씨 고운 사람들이 있었다

수영장에도 물벌레를 살려두고
집안에 들어온 구렁이는
수레에 태워 숲으로 보내며
불살생의 계율을 지키며 살았다.

☞ 날씨가 화창했다. 오전 7시 30분, 방콕의 The Menam Hotel을 출발한 관광버스는 스코타이로 향했다. 스코타이는 방콕의 북쪽 고속도로로 7시간 거리에 있었다. 태국 최초의 왕조(1238~1378)였지만 몇 백년간 밀림에 버려져 있다가 발견되었는데, 거대한 불교사적지였다. 가는 도중에 아유타야 왕조의 유적지도 돌아봤다.(1992. 7. 29)

싱가포르

동서가 넘나드는 길목에
작으면서도 큰 용이 있으니
세계적 경제대국 싱가포르

침략자의 발길에 짓밟혀
숨이 끊어져가던 어제의 땅이
오늘의 용이 된 것은
한 사람 이광요의 힘이었단다

우리에게도 이광요가 감명한
위대한 통치자가 있었다
풀뿌리와 나무껍질로 연명하며
부황으로 누렇게 들떴던 얼굴에
화색이 나고 기름기가 돌게 한 분

바람 앞에 등불만 같던 나라를
큰 횃불로 타오르게 했으며
세계 최빈국의 불명예를 벗고
잘 먹고 잘 살게 해주신 그 분은
단군 이래 최고의 영도자였다

하지만 우리는 청맹과니었다
그 분을 지켜드리지 못 하고
안겨주는 복락도 차버렸는데
싱가포르의 국민들은 달랐다

통치자의 사랑과 은혜를
하나같이 받들어 따랐기에
지금은 세계의 선망을 받으며
대양을 박차고 승천하고 있다.

☞ 오전 11시 45분에 방콕을 출발한 CX713기는 14시 55분에 싱가포르에 도착했다. 1965년에 독립한 싱가포르는 초대수상 이광요의 통치로 자원도 자본도 없는 불모의 작은 섬에서 기적을 이루어 지상낙원이라고 불릴 만큼 세계 최정상 부국으로 일어섰다. 비행기에서 내려 곧바로 시내 관광을 하고 센토사 섬의 분수 쇼를 구경한 후 호텔로 갔다.(1992. 7. 31)

센토샤 분수쇼

싱가포르 센토샤 섬의
분수에서 뿜어지는 물은
화려한 몸짓의 배우더라

허공을 쓸고 있는 싸리비
바람에 출렁이는 갈대숲
바위에 부서지는 물보라
밤하늘에 퍼지는 꽃무늬

그 모두가 한데 어울려
빛방울로 출렁이며
노래하고 춤을 추더라
우리의 아리랑도 부르더라

센토샤 섬의 분수는
수 천 수만의 물줄기가
수시로 옷을 가라 입으며
회리바람처럼 휘돌다가

제 흥에 제가 겨워서
와르르 무너지듯 주저앉는
무용수이고 가수이더라
화려한 공연장이더라.

☞ 싱가포르의 국정지표는 ㉠ 깨끗한 정부 ㉡ 깨끗한 거리 ㉢ 깨끗한 물이라 했다. 우리를 맞이하는 공항 직원들의 태도나 껌도 못 씹게 하는 정책에서 정직한 정부, 청결한 국토의 비결을 볼 수 있었다. 악어농장, 국립식물원, 머라이언 공원 등을 돌아보고 저녁에는 센토사 섬의 분수 쇼를 구경했다. 춤을 추는 분수에서 아리랑이 흘러나올 때는 마음이 숙연해졌다.(1992. 7. 31)

맹그로부나무

말레이시아 바닷가에는
맹그로부 나무가 많았다
태풍과 파도를 막아주고
갯벌을 지키고 넓혀주는 나무

문어발 같이 뻗은 뿌리는
물속에서 물 밖까지 우거져
게, 새우, 물고기들의
쉼터와 안식처가 되어주고

무성한 잎과 줄기는
벌, 나비들을 불러 꿀을 주고
새들을 모아 둥지를 틀게 하고
아기를 키우게 해주는 나무

말레이시아 바닷가에는
울창한 맹그로부 나무가
모든 것을 품어 안고 있더라.

☞ 말레이시아는 1,200m의 다리로 조호르해협을 건너 싱가포르와 연결되어 있다. 고무농장이 많지만 이 다리를 건너 하루 3만 명 정도의 말레이시아 사람들이 잘 사는 싱가포르로 일하러 간다고 했다. 말레이시아는 국토를 9개 지역으로 나눠 9명의 지역왕을 도고 있는데, 5년마다 쿠알라룸푸르에 모여 왕 중 왕을 뽑아 나라 전체를 다스리도록 한다고 했다.(1992. 8. 1)

가루다를 타고

사람팔자 시간문제라지
이 순간의 내 팔자를 생각하네
가루다를 타고 창공을 날다니
내가 갑자기 신이 된 기분이네

가루다는 무엇인가?
투명한 청옥 빛 몸뚱이에
어깨에 달린 황금 날개로
수미산을 넘나들며 불법을 수호하고

여의주가 박힌 독수리머리에
날카로운 부리로 불을 뿜으며
용을 잡아먹고 산다는 새

네 개의 팔을 갖고 있어
두 손에는 불로장생의 약병과
신묘한 우산을 받쳐 들고
다른 두 손은 합장을 하고 있는
인도네시아항공 가루다

나는 지금 그 가루다를 타고
남국의 창공을 날아가고 있네
내가 곧 천하제일의 신이네.

☞ 어제 8월 1일 밤 12시 경에 인도네시아 자카르타에 도착했다. 우리나라는 인도네시아와 1966년에 영사관을 개설하였다. 수카르노 대통령 때는 북한과 쌍방 정상방문으로 긴밀한 관계를 맺었으나 1965년 공산주의자에 의한 쿠데타를 진압하고 정권을 잡은 수하르토 정권부터는 한국과의 실질교류가 더 많아졌다.(1992. 8. 2)

발리휴양지

만난다고
다 좋은 것은 아니다
괜히 미워하고 토라져서
등을 돌리는 만남도 있고
서로를 해치는 만남도 있다

발리의 만남은 달랐다
나라가 다르고 살빛이 달라도
모두가 반가운 만남이었다
눈빛으로 표정으로 반겨주었다

생각이 다르고 언어가 달라도
하나같이 즐거운 만남이었다
바다에서 수영장에서
모두가 알몸으로 만나도
아무런 거리낌이 없었다

푸른 바다와 은빛 모래도
서로 만나 껴안고 뒹굴었고
야자수와 흰 구름도 손을 맞잡고
수평선을 산책하고 있었다.

☞ 발리는 자바 섬 동쪽 1.6 km 지점에 있는 세계적인 휴양지다. 주민들은 춤과 음악, 시와 축제를 즐기며 발리 특유의 오케스트라인 가믈란(gamelan : 주로 타악기로 연주하는 인도네시아의 기악합주)은 마을마다 클럽이 있을 정도이다. 뿐만 아니라 주민들은 예술과 공예에도 솜씨가 뛰어나 조각·그림·은세공·목각술·골각술 등에서도 훌륭한 예술성을 보여주고 있다.(1992. 8. 2)

보로부두르 사원

보로부두르는 돌탑이었다
언제 어떤 사람들이
무슨 서원이 그렇게도 많아
이런 거대한 돌탑을 지었을까

탑을 쌓은 돌 하나하나는
모두가 책이었다
부처님 일생의 행적과
가르침을 기록한 경전이었다

판목에 새긴 해인사 8만대장경은
한문으로 읽어야 하지만
보로부두르 돌에 새겨진 이야기는
눈으로 보기만 하면 다 안다

민족과 언어를 넘어 누구나
한눈에 볼 수 있는 그림책이었다
무량한 서원의 철위산이었다.

☞ 보로부두르(Borobudur) 사원은 세계 3대 불교유적지의 하나인데 인도네시아 자와섬에 있다. 천여 년 전에 세워진 것으로 짐작하는데, 4층으로 된 사랑에는 시계 방향으로 따라가며 부처의 탄생을 비롯한 그의 일생과 행적, 가르침이 부조되어 있다. 특히 불가사의한 것은 제일 아래쪽 기단에 있는 미래를 예언하는 부조들인데 아직까지 비밀에 부쳐져 있단다.(1992. 8. 2)

야류해양공원

내 어릴 적 어머니를 따라
갈마골로 버섯을 따러 갔을 때
환성을 지르게 했던 버섯들

뭉쳐진 미역만 같은 석이버섯
주먹을 불쑥 내민 송이버섯
갓을 쓰고 나타나는 갓버섯

까맣게 잊고 있었던 그것들을
야류에서 한꺼번에 만났네

조물주는 솜씨가 좋아
우리가 찰흙공작을 하듯
바위를 마음대로 주물러서
별것을 다 만들어놓았네

이끼 낀 서낭당 돌무더기
산골짝 너와집과 낟가리
괴나리봇짐을 진 길손

내 어릴 적의 기억들이
모두 있었네. 야류에는.

☞ 야류해양공원은 타이완(臺灣)의 수도 타이베이(臺北)에서 자동차로 1시간거리인 북쪽해안 지롱의 서쪽에 있는데, 석회질 사암이 수만 년 동안 풍화와 침식작용으로 깎이고 다듬어져 버섯, 꽃, 열매, 사람, 동물, 물고기 등 기기묘묘한 모습으로 바닷가에 늘어서 있어 조물주의 신묘한 솜씨를 생각하게 한다.(1992. 8. 5)

고산족 마을

대만고산족 마을 우라이(烏來)에서
타이야족(泰雅族)의 민속무용을 보았다
화려한 의상이 오히려 애상인 것은
문명의 뒷길이 너무 어두워서일까

본디는 대만의 주인이었지만
들어온 한족에게 밀려나
관광자원으로 전락한 원주민들

산 아래 문명된 세상에서는
역겨운 기름 냄새와
강렬한 인조향이 있지만

원주민이란 말에는 언제나
향기로운 흙내와 싱그러운 풋내와
신선한 물내가 있다
하지만 그것들은 웬일인지
아픔이고 눈물이었다

백인에게 모든 것을 빼앗겨버린
아메리카 인디오들이 그렇고
유럽인들에게 지배를 당한
아프리카 원주민들이 그렇듯이
대만의 고산족들도 그러했다

우라이(烏來) 문화촌을 떠나올 때
나무열매 목걸이를 걸어주던
고산족 소녀의 맑은 눈망울이
오래도록 내 가슴에 담겨 있었다.

☞ 대만고산족은 해발 1,000m 이상의 산에 사는 원주민인데 대만 전체에는 14개 종족 20만 명쯤 남아 있단다. 그들은 400년 전쯤 중국 본토에서 '한족'과 '하카족'이 건너오면서 부터 산속으로 밀려나 흩어져 살며 그들만의 독특한 언어와 풍습을 지키고 있단다. 우리 일행은 그 중 타이야족의 우라이문화촌에서 전통혼례식과 영빈무 등을 관람했다.
(1992. 8. 5)

Ⅷ. 무한한 자원의 보고

1. 햄튼 팍 __ 162
2. 위슬러 __ 163
3. 캐나다란 이름 __ 165
4. 흔들다리 계곡 __ 167
5. 스탠리 팍 __ 169
6. 인디언 조각상 __ 170

인디언 조각상

온 나라가 영어를 잘 하지 못하면 살아남지 못할 것처럼 야단이다. 영어를 공용어로 하자는 주장이 나오고, 영어발음을 위해 아이들 혀를 고치고 백인들을 닮으려고 박피수술을 한다고도 했다. 영어 때문에 아예 엄마들이 아이를 데리고 영어권에 나가므로 기러기 아빠(?)가 늘어난다. 학교에서도 방학 때면 선생님이 아이들을 데리고 캐나다, 미국, 영국, 필리핀 등에 영어연수를 떠났다. 나는 민박을 하며 그 곳 학교에 다니는 아이들과 인솔교사가 걱정되어 캐나다로 갔다.

햄튼 팍

나무는 나무가 좋아
나무끼리 모여 숲을 이루고
사람은 사람이 좋아
사람끼리 살아 마을이었지

마을을 돌아다니던 길은
숲으로 가서 숲길이 되고
숲을 누비며 자란 길은
마을로 와서 마을길이 되고.

마을길로 나무들이 와서
사람들과 정답게 손을 잡고
숲길로 사람들이 가서
나무들과 나란히 걸어보고

햄튼 팍 언덕 마을은 그래서
나무와 사람과 숲과 집들이
하나로 어울려 있었네.
서로 도우며 살고 있었네.

☞ 밴쿠버 코퀴틀람 교육청 관내에 있는 햄튼 팍은 낮은 언덕에 자리 잡은 신흥 부자마을이다. 대부분의 주택이 울창한 숲을 등지고 길가에 있는데, 집과 집 사이는 겨울에도 짙은 초록의 삼나무, 향나무, 잔디밭으로 되어있다. 유석의 자매학교인 햄튼 팍 초등학교도 거기 있었다.

(2006. 1. 4)

위슬러

위슬러는 휘파람 소리라지
덩치가 우람한 삼나무들이
휘파람으로 서있는 코스트산맥
그 허리 깊숙이 자리한 위슬러

휘파람으로 짝을 찾던 땅굴다람쥐
그 귀염둥이들은 어디 가고 지금은
휘파람 소리만 남아있는 위슬러
그들이 뛰놀던 은빛 봉우리에는
눈발이 휘파람을 불며 지나가네.

인디언들이 휘파람을 불며
말을 달리던 코스트 산줄기를
오늘은 세계의 스키어들이
그때의 인디언들처럼 달리고 있네
땅굴다람쥐들처럼 휘파람을 부네

걸림 없이 살았던 땅굴다람쥐들과
인디언들의 자유로움을 그려보는
너와 나 뜨거운 가슴 벌판에도

애모의 휘파람 소리가 들려오네
삼나무처럼 푸른 마음골짜기에도
은빛 스키가 달리고 있었네.

밴쿠버에서 120km 북쪽에 있는 위슬러(Whistler)는 휘파람소리란 뜻이다. 하이킹, 래프팅, 사이클, 승마, 골프를 즐길 수 있는 밴쿠버 근교 최고휴양지다. 운전사 알버트(Asbert: 林椎權)는 숲과 호수와 만년설을 인 높은 봉우리들의 숨 막힐 듯한 비경을 익살을 섞어가며 설명해 주었다.(2006. 1. 7)

캐나다란 이름

본디는 인디언이 주인이었던 땅
그 곳을 차지한 얼굴 하얀 사람들이
어느 날 세종대왕을 찾아왔더란다

"새 땅에 새 나라를 세웠나이다."
그들은 넙죽 큰 절을 올리더란다
"나라 세운 것을 어쩌란 말이냐?"
대왕의 물음에 그들은 말했다
"그게 아니오라 나라 이름을 좀…"

대왕은 한글 연구에 몰두해 있었다
"나는 가나다 연구밖에 모른다."
얼굴 하얀 사람들 입이 쩍 벌어졌다.
"가나다? 나라를 가나다로 하래."
그래서 '캐나다'가 되었다는 것이다

코 큰 사람들이 이 소문을 들었다
"우리도 세종대왕님께 여쭤봅시다."
대왕은 길게 이야기할 틈이 없었다
"또 나라 이름? 아무렇게나 불러라."

그리고는 집현전으로 가버렸다

코 큰 사람들은 고개를 갸웃거리며
"아무러케? 아메리케? 아메리카."
"그거야! 아메리카. 좋은 이름이야."
그래서 '아메리카'가 생겼단다
안내하는 운전사의 우스개였다.

☞ 캐나다(Canada)는 인구 약 2,700만 명, 면적은 한반도의 45배나 되는 세계적 복지국가다. 나무만 팔아도 200년은 잘 살 수 있다는 풍부한 산림자원과 만년설에 덮인 거봉과 에메랄드빛 호수가 절경이다. 나는 아이들만 만나보고 귀국하지만 정명숙 선생님은 어학연수생 15명과 함께 밴쿠버에서 3주간 지내게 된다.

(2006. 1. 7)

흔들다리 계곡

린 케넌 계곡 물은 산소 같더라
싱싱하고 청정하게 살아있더라
린 케넌 계곡 물은 멧새 같더라
고운 목소리로 재잘거리더라

흐르다 부딪쳐서 부서지고
언덕을 만나면 곤두박질을 해도
다시 일어나 흘러가는 물은
우리 모습을 생각하게 한다

어쩌다 흩어지면 다시 모이고
앞이 막히면 돌아서라도
멈추지 않고 흘러가는 물은
우리가 가야할 길을 일러준다

고운 꽃의 유혹도 외면하고
푸른 숲도 스쳐만 지나 갈뿐
탐이 나도 눈길 주지 않는
빈손으로 갈 우리 같더라

린 케넌 계곡을 흐르는 물은
하늘을 열고 계곡으로 떨어져
숲을 누비며 흘러가므로
하늘빛이더라. 숲 빛이더라
우리들 사랑의 빛깔이더라.

☞ 밴쿠버의 겨울 날씨는 하루 종일 가랑비가 내렸다. 레이첼의 승용차로 린 케넌 서스펜션 브리지(Lynn Cannon Suspension Bridge)라는 흔들다리가 있는 계곡으로 갔다. 푸른 이끼가 낀 삼나무가 하늘을 덮고 있어 숲과 폭포와 호수가 태고처럼 어울린 밀림이 절경이었다.

(2006. 1. 7)

스탠리 팍

세일리시(Salish) 인디언
옛날 그들의 마을이었던 곳
지금은 삼각뿔 천막 대신
철근콘크리트 건물이 서고

세일리시란 이름은 잊혀지고
백여 년 전 남의 땅에 와서
총독을 지낸 로드 스탠리경
그의 이름을 명찰로 내건 땅

울창한 연필향나무 숲에는
갖가지 인디언 토템들이
문명으로 병들어가는 땅과
탐욕으로 오염된 바다와 하늘을
슬픈 얼굴로 보고 있더라

본디는 인디언의 것이었는데
주인은 그들이었는데
지금은 떠돌이들이 차지한
밴쿠버의 보석 스탠리 팍.

☞ 스탠리-팍(Stanley Park)은 밴쿠버 다운타운 서쪽 122만평에 연필향나무로 덮인 공원인데, 토템(Totem) 폴을 비롯한 볼거리와 즐길 거리가 많다. 유람선과 수상비행기의 급유를 위한 주유소가 있는 공원앞 바다는 주변 빌딩들이 비쳐 오색으로 꿈틀거리는 야경이 황홀했다.
(2006. 1. 7)

인디언 조각상

내 품에 있을 때는
한 줌 애물이었는데
떠나간 빈자리는
너무 넓어 황량하구나

회자정리-만나고 헤어짐이
우리 사는 일인데도
오늘은 네가
아픔이 되었구나,

감미로운 그리움도
지나치면 미움이란 것을
아무도 일러주지 않아

☞ 밴쿠버공항에는 인디언조각상이 있었다. 캐나다정부는 본디 인디언의 땅이었던 이곳을 차지하고 사는 것에 감사하면 인디언을 위하 복지정책을 잘 하고 있다고 했다. 일테면 학교입학에도 특혜를 주고 공무원 시험 같은데도 가산점을 준다고 했다. 그래도 그들은 자꾸 쇠퇴해 가는 것이 걱정이라고 했다.(2006. 1. 8)

IX. 제일강산 서호팔경

1. 공민왕사당 __ 172
2. 난지도 __ 173
3. 내 사랑 마포 __ 174
4. 노을공원 __ 175
5. 도화동 __ 176
6. 망원정 __ 177
7. 밤섬 __ 179
8. 부군당 __ 180
9. 서호 __ 181
10. 서호팔경 __ 182
11. 석불사 미륵불 __ 183
12. 선유도 __ 185
13. 양화나루 __ 187
14. 영통사 __ 189
15. 외국인묘지 __ 191
16. 월드컵경기장 __ 193
17. 절두산성지 __ 195
18. 평화공원에서 __ 196
19. 풀무골대장간 __ 198
20. 하늘공원 __ 200
21. 한강 __ 202
22. 한강 유람선 __ 203
23. 홍제천 __ 204

와우산 공민왕사당

1969년부터 마포에 살고 보니, 마포는 내가 현생에서 가장 오래 머문 곳이 되었다. 그래서 정이 들어 동리와 사적지에 대한 시를 써서 일부는 《마포문학》(마포문협刊), 《마포이야기》(마포구문화관광과刊), 「내 고장 마포」(마포구청刊) 등에 발표했고, 마포와 관련한 선현들의 한시도 200여 편 찾아 《第一江山 西湖八景》(마포문화원刊, 2009)이란 이름으로 정리했다. 또 1985년에 근무지가 강서구로 옮겨서 2007년까지는 강서문협에 관여하면서 강서에 관한 한시도 찾아 정리하고 강서예찬시도 여러 편 썼다. 그 중 몇 편을 옮겨 본다.

공민왕사당(恭愍王祠堂)

아득한 북천 멀리
저물어간 고려의 산하
노국대장공주를 그리는
가슴 아린 사랑과
조국을 향한 뜨거운 열정도
절이 삭아 눈물인 것을

천산대렵도 속에서
준마를 달리던 푸른 기백도
박물관 진열장에 한 폭
미이라로 걸려있고

화선지 한 장 붓 한 자루로
서호팔경을 그리던 영혼도
먼 세월의 지층에 묻혀
한낱 화석으로 굳어졌네

이제는 그런 일 모두도
우리들 기억에서 밀려나
달그림자처럼 아련해진
와우산 중턱의 공민왕사당.

☞ 공민왕사당은 서화의 대가인 고려의 공민왕이 와서 한강의 풍광을 그렸다는 와우산 중턱에 세워져 있다. 사당에는 공민왕과 왕비, 최영장군 등의 화상이 걸려있다. 공민왕은 『魯國大長公主肖像』, 『阿房宮圖』, 『玄陵山水圖』, 『釋迦出山像』, 『童子普賢六牙白象圖』 등 빼어난 그림이 많다고 하나, 현재 남아있는 것은 『千山大獵圖』가 있다.

난지도(蘭芝島)

원래는 풀향기 바람 속에
맑은 물은 모래톱을 씻어내고
벌 나비가 춤추던 꽃섬이었는데

공룡이 되어가는 서울의
온갖 쓰레기를 모두 받아
역겨운 냄새와 먼지로 뒤덮이며
개창(疥瘡)으로 짓무른 무엇처럼
혐오스럽게 변했던 꽃섬 난지도가

지금은 산꿩이 깃들고 물고기가 사는
숲길과 억새밭과 호수가 있고
꽃과 잔디와 놀이시설이 어우러진
아름다운 쉼터로 바뀌어

모두에게 즐거움과 위안을 주는
커다란 한 송이 꽃으로
다시금 새롭게 다시 피어났어
원래의 난초 지초 꽃섬으로.

☞ 난지도는 난초와 지초의 꽃섬이란 뜻이다. 1977년부터 1993년까지 서울의 쓰레기 매립으로 1.75㎢ 부지에 9,100만t(8.5t 트럭 1,300만 대분)의 쓰레기가 평균 90m 높이로 쌓였는데, 2002년 월드컵대회 때 경기장과 공원으로 탈바꿈했다.

내 사랑 마포

마포에 둥지 틀고
반 백 년을 살고 보니
흙 한 줌도 정이 들어
놓지 못할 사랑이라
내 열정 모두 받쳐서
너를 가꿔 가리라

서호팔경 예찬하던
아름다운 선망의 땅
하늘높이 솟아오른
빌딩숲을 우러르며
이팝꽃 환한 거리를
왕자처럼 걸어본다

황부자가 살았다던
그 옛날의 삼개포구
오늘은 이 원역에
뼈를 묻을 내가 되어
한 백년 너를 섬기며
새 깃발이 되리라.

☞ 마포는 서울 25개 자치구 중 중서부의 마포강을 중심으로 한 행정구역이다. 마포란 이름은 와우산, 노고산, 용산의 세 구릉 사이를 흐르는 강인 西湖, 龍湖, 麻湖를 三湖 또는 三浦라 부른 데서 유래하고 있다. 나는 1969년 상주에서 여기로 온 후 현재까지 한 자리에서 살고 있다.
(2011. 《마포문학》 제5호)

노을공원

노을공원에서 보는 노을빛은
무언가 아쉬움으로 울먹이는
눈물 그렁한 빛이었다

억새 숲 정상에는
몇 개의 물웅덩이가 있고
거기에 원앙이 부부가 살고
오리도 몇 마리 와서 놀며
노을빛에 젖고 있었다

갈 길을 서둘던 저녁놀이 잠시
발길 돌려 들렸다가
이내 옷깃을 여미고 떠나가면

물웅덩이들은 어둠을 덮고
오늘 하루도 눈을 감는다
공원 전체가 잠에 든다.

하늘이 너무 멀어
몸보다 마음이 시린 밤
원앙이와 오리는 꿈길을 간다.

☞ 난지도 쓰레기 매립지 10만 3천 평 고원에 조성된 공원으로 2002년 월드컵 대회 후에 골프장으로 조성했다가 2008년에 시민의 휴식공간인 생태공원으로 바꾸었다. 정상에 한강물을 끌어올려 채운 습지와 작은 연못에는 물새와 수생식물이 살고 있다.(2009. 6. 25. 「내 고장 마포」)

도화동(桃花洞)

실개천이 풀리는
하늘 맑은 어느 봄날
무남독녀 도화낭자는
옥황상제 부름으로
천관의 뒤를 따라서
천궁으로 갔습니다

홀로 남은 아버지는
도화를 기다리며
주체 못할 슬픔으로
식음을 전폐하니
천관이 내려와서는
씨앗 하나 주었습니다

그것을 심었더니
큰 나무로 자라나서
도화낭자 모습 같은
복사꽃이 폈습니다
그래서 도화동이죠
무릉도원 복사골.

☞ 도화동은 용산구 桃園洞과 함께 복숭아밭이 많아 복사골(桃花洞)이라고 부르던 곳인데, 내가 서울 와서 처음 자리 잡아서 지금까지 살고 있는 동리다. 내가 자리 잡은 후에 글벗인 이영호도 이웃에 와서 산 적이 있고, 동기생인 신현득도 소년한국일보로 온 뒤 가족이 서울로 올 때까지 도화동에 방을 얻어 자취를 했으며, 강세준도 한 때 우리 집에 같이 지내기도 해서 많은 추억이 있는 곳이다.
(2013. 《마포문학》 제7호)

망원정(望遠亭)

참 별일이다, 언제부터
한강수로와 강변북로가
반행자(伴行者)가 되었을까?

누리마루·나랏님 납시었던
희우정(喜雨亭) 그 날에도
이무기만 같은 유람선들이
물장구질을 하며 놀았을까?
망원정이 거느린 십리강안

전마선이 짓는 물주름은
용안(龍顔)에 미소로 번지고
번쩍이는 수군의 창칼은
부국강병의 표상이었지

눈을 감고 귀를 모으면
먼 피안에서 격양가를 싣고
푸른 갈기를 휘날리며
갈대밭을 달리는 바람소리
새 혼원(混元)을 여는 기척

팽팽히 부푼 하늘을 가르는
시윗소리, 고함소리, 천둥소리
누리마루 · 나랏님의 웃음소리

그로부터 반 천년
서호(西湖) 한수(漢水)는
소리치는 강으로 변했고

옹벽을 뒤덮은 능소화와
강변로를 달리는
차량에 밀려난 망원정은

바람벽의 그림처럼
세월에 지워져가고 있다.

☞ 효령대군의 별장으로 합강정이었는데, 1425년 가뭄에 세종이 서쪽의 농사를 보러 왔을 때 마침 비가 와서 희우정이라 했다가 1484년 성종의 형 월산대군이 망원정으로 이름을 고쳤다. 한강개발로 없어졌다가 1989년에 복원했다.(2009. 3. 「내 고장 마포」)

밤섬(栗島)

원앙, 오리, 기러기들이
오순도순 모여 살고 있습니다
생태계보전지역 밤섬 율도

62가구 440여 명 섬사람들은
은모랫벌, 맑은 물을 끼고
배를 만들고 농사를 지으며

부군당(府君堂)에 수호신을 모시고
강물을 마시며 살았던 옛날에는
율도명사(栗島明沙) 은모랫벌이
서호팔경의 하나였습니다

여의도 개발의 희생양으로
반세기 전에 섬은 폭파되고
남은 섬뿌리에 철새들만 남아
밤섬은 철새낙원이 되었습니다.

홍길동이 세웠다는 이상향
그 율도국을 생각합니다.

☞ 밤섬(栗島)은 서울특별시 영등포구 여의도동에 위치한 한강의 하중도인데, 여의도개발 때 주민을 노고산으로 이주시키고 폭파했다. 서강대교가 섬을 관통하고 철새도래지로 유명해져 1999년 8월 10일 자연생태계보전지역으로 지정되었다.(2008. 3. 《마포문학》 제3호)

부군당(府君堂)

한 세월 흘러가면 티끌로 흩어질 생령들이
무슨 소망이 그리 무거워
이런 신당을 두었을까?

「어느 자손 좋다하고,
 어느 권속 밉다 하리
 마을 모두 평안토록,
 부군님전 비나이다.」

「부군님요. 신령님요.
 어린 중생 살피서서
 재수 열어 안아주길,
 부군부인님전 비나이다.」

「복이 되고 웃음 되게,
 돈 푸념 쌀 푸념대로
 내가 받게 해주시라고,
 제석님전 비나이다.」

부군당 신령님 앞에 눈을 감고 손을 모으면
향촛불 은은한 향기 달무리로 번져옵니다.

☞ 부군당은 마을 수호신을 모신 신당으로 지역에 따라 산신당·룡신당·서낭당·부군당·본향당·해신당·당산 등 이름이 다양하다. 부군당은 서울에만 15개소가 있었다고 하는데, 와우산의 광흥창 옛터 위쪽에 있는 부군당은 전통문화보존을 위해 밤섬에서 전해진 제례대로 당제를 지내고 있다.(2003. 10. 2)

서호(西湖)

「동호를 돌아보며 서호로 가자스라」
 양화진 버들나루 잔잔한 물길.」
「지국총 지국총 어사와,
 앞뫼이 지나가고 뒷메이 나아온다」

놀에 물이 드는 잠두봉을 지나면
신선이 놀았다는 그림 같은 선유도
흰모래 갈대밭 평사낙안(平沙落雁)
날개 접고 내려앉는 기러기 떼.

먼 길 다녀오느라 너무 지쳐서
모래톱에 코 박고 잠이 든 배들을
요람을 흔드는 어머니 마음으로
가만가만 흔드는 물결의 고운 손길.

「동호를 돌아보며 서호로 가자스라」
 양화진 버들나루 잔잔한 물길.
「지국총 지국총 어사와,
 앞뫼이 지나가고 뒷메이 나아온다」.

☞ 고요(靜)를 선호했던 옛사람들은 강도 호수로 생각했다. 그래서 한강도 명수대에서 동호대교 쪽은 동호, 마포 앞강은 마호, 마포 서쪽 방향은 서호, 행주산성 앞은 행호 등으로 불렀다.(2006. 《마포문학》 창간호)

Ⅸ. 제일강산 서호팔경

서호팔경(西湖八景)

용산강의 저녁달(龍虎霽月)은
강을 메워 비칠 곳이 없어졌고
마포나루 돛단배(麻浦歸帆)는
유람선에 자리를 내주고 떠났네

방학의 밤낚싯불(放鶴漁火)은
대낮 같은 수은등에 밀려났으며
밤섬의 은모랫벌(栗島明沙)은
폭파된 섬과 함께 날아갔네

농암의 저녁연기(籠岩暮煙)는
전기밥솥이 나오면서 사라졌고
와우산 목동피리(牛山牧笛)는
재개발에 묻혀버린 전설이네

양화나루 저녁놀(楊津落照)은
겸재의 그림 속에만 남아있고
관악의 아지랑이(冠岳晴嵐)는
대기오염에 가려 보이지 않네.

☞ 서호팔경은 용호제월(龍虎霽月), 마포귀범(麻浦歸帆), 방학어화(放鶴漁火), 율도명사(栗島明沙), 농암모연(籠岩暮煙), 우산목적(牛山牧笛), 양지낙조(楊津落照), 관악청풍(冠岳晴嵐) 등 한강에서 보는 여덟 가지 아름다운 풍광을 노래한 옛 한시이다.(2008. 12.「내 고장 마포」)

석불사 미륵불(彌勒佛)

한강을 그윽히 굽어보시며
바다만한 생각에 잠겨있는
석불사 도량의 미륵보살님

도솔천 정토 내원궁에서
4천 세(世) 먼 후일에
사바세계로 오신다더니
어찌하여 여기에 계시나요?

손바닥을 앞으로 해서
어깨 높이로 쳐든 오른손은
우환과 고난으로부터
모든 중생을 구하겠다는
'시무외인' 수인(手印)이고

아래로 펴서 내린 왼손은
간구(艱苟)한 중생의 서원을
다 이뤄주겠다는 수인(手印)
'시무외인여원인' 이니

춥고 어두운 일상의
마음 아픈 중생을 걱정해서
잠시 우리 앞에 나투시어

세상은 영원히 열린 것이라
막혀도 막힘은 없는 것이고
트여도 트임은 본래 없나니
집착을 풀면 열릴 거라고…….

온갖 풍상을 한 몸으로 받아
자애로 다독여 속으로 삭히며
조용히 미소로 어루만져주시는
용화세계의 먼 미래부처님.

☞ 석불사는 조선 숙종 때 창건된 절로 마포동 394번지 한강가 언덕에 있다. 부처의 수인상(손모양)은 부처님이 깨달은 진리나 중생구제의 서원을 표현한 것으로 84,000가지가 있다.(2009. 2. 「내 고장 마포」)

선유도(仙遊島)

우리 죽어 환생할 때
지은 업(業)에 따라
사람으로 다시 올 수도 있고
짐승이나 벌레나
풀·나무로 될 수도 있다지

자연 현상도 모두가 그렇게
사멸하고 환생(還生)하는 것
한강의 선유도공원도
몇 번의 사멸과 환생으로
오늘의 모습을 갖게 되었다

옛날 이곳은 신선이 놀았다는
제일강산 선유봉이었는데
토목공사로 파헤쳐진 후
자취만 남겨두고 사라졌지

그렇게 없어진 선유봉은
신선과의 교유가 선업이 되어
정수장으로 다시 태어나
서울시민의 급수원이 되었다.

새천년이 밝아오던 해

상수도 시설 이전으로
시민의 젖줄이던 정수장은
제구실을 잃고 뼈만 남았지만

그렇게 사멸해 간 정수장도
급수공덕(給水功德)의
선업(善業)이 있어, 이번에는
공원으로 다시 환생해서

맑은 물과 푸른 숲으로
예쁘게 단장을 하고
꽃을 가꾸고 물고기도 기르며
우리에게 선업을 베풀고 있다

그러다가 이 공원도
언젠가는 사라지게 되면
다음 세상에서는
어떤 모습으로 환생할까?

한강의 아름다운 섬
선유도공원은 오늘도
사랑의 가슴을 열고
우리들을 부르고 있다.

☞ 양화대교가 관통하는 한강의 하중도로 신선이 내려와 놀았다는 아름다운 선유봉을 중심으로 한 섬이었으나 한강개발과 정수시설 등으로 몇 차례 변신을 거쳐 지금은 공원으로 거듭났다.(2000. 5. 1)

양화나루(楊花津)

버들꽃나루 양화진은 일찍부터
양천, 김포, 강화를 잇는 길목으로
어영청 군사들의 진영이 있었으며
바다를 건너 장삿배가 드나들어
교통, 무역, 군사의 요지였지

줄기는 능청거려 춤이 되고
가지는 물이 올라 피리가 되는
갯버들, 양버들, 능수버들……

그 버들꽃이 함박눈으로 날려
강을 새하얗게 덮기도 해서
이름도 양화진 — 버들꽃나루

무엇에나 취하면 아름답다지
일에 취하고 삶에 취하면
세상이 풍요로워지고
정에 취하고 사랑에 취하면
삶이 행복해진다고 하지

명나라 한림학사 예겸(倪謙)은
버들꽃나루의 풍광에 취해
그 정취를 이렇게 노래했다지

-숲 건너 부엌에 솔잎 때는 집에서
봄소반 가득히 여뀌싹 대접받았네-
(隔林行竈燒松葉 入坐春盤簇蓼芽)

-명나라 신경과는 사천 리 길인데
예까지 배가 올 줄이야 누가 알랴-
(一別神京四千里 寧知來此汨星槎)

사신 예겸(倪謙)은 그래서
빼어난 양화진의 풍광에 취해
고국도 잊을 만큼 행복했다지.

☞ 버드나무가 무성하고 경치가 뛰어나 조선시대에 중국사신이 오면 이곳에서 뱃놀이를 즐겼고, 사대부들의 별장이나 정자도 많이 세워져 있었던 곳인데, 1882년 임오군란 이후 외국인의 거주와 통상을 할 수 있는 큰 시장이 되었다고 한다.(2009. 3. 「내 고장 마포」)

영통사(靈通寺)

마음이 울적하여
영통사를 찾았더니
졸고 계시던 부처님이
내 기척에 깨어서
눈으로 조용히 이르신다

네 겉은 고요한 듯하나
속에는 소용돌이가 있구나
괴어있는 듯한 한강이
강심에 격류를 품었듯이

천상천하 유아독존인데
어디에 걸림이 있으며
간구(懇求)는 또 무엇인가?

기쁨과 슬픔도 바람이고
빈한과 부유도 스쳐갈 허상이라
있다는 사람은 있는 게 없고
없다는 사람은 없는 게 없나니

가진 것이 없다고 슬퍼하거나
더 가졌다고 기뻐도 하지 말고
집착일랑 벗어두고 가라신다

영통사 대웅전 큰 부처님은
언제나 그렇게 일러주시며
마음을 편안히 다독여 주신다.

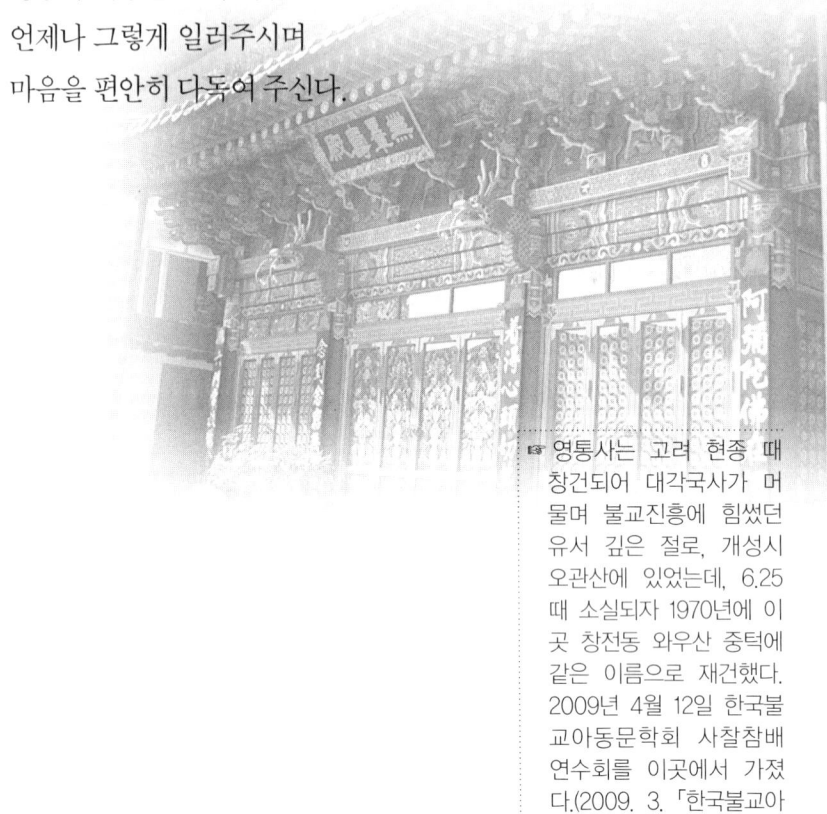

☞ 영통사는 고려 현종 때 창건되어 대각국사가 머물며 불교진흥에 힘썼던 유서 깊은 절로, 개성시 오관산에 있었는데, 6.25 때 소실되자 1970년에 이곳 창전동 와우산 중턱에 같은 이름으로 재건했다. 2009년 4월 12일 한국불교아동문학회 사찰참배 연수회를 이곳에서 가졌다.(2009. 3.「한국불교아동문학회 회보」)

외국인묘지 (外國人墓地)

옛 양화진 병영이 있던
아름다운 언덕에 자리한
외국인묘지공원

서학을 가르치고
천주님 사랑을 전했던
노랑머리 파랑눈의 선교사

웨스트 민스터 성당보다도
한국 땅에 묻히길 원했던
고종의 외교고문 헐버트

천 개의 생명이 주어진다 해도
그 모두를 한국에 바치겠다던
하얀 얼굴의 R. 캔드릭

병원을 짓고 학교를 세우고
신문을 만들어 우리를 일깨운
먼 나라에서 온 고마운 사람들

죽어서도 이 땅을 떠나지 못해
모두가 생전의 소망대로
여기 함께 잠드셨습니다
양화나루 외국인 묘지공원.

☞ 외국인묘지공원은 합정동 양화진영 옛터에 선교기념관과 함께 있다. 고종의 시의 헤론, 일제에 맞섰던 헐버트, 연세대학을 세운 언더우드, 대한매일신문을 펴냈던 토마스 베델, 이화여대를 창립한 아펜셀러, 세브란스의대를 만든 더글라스 등 550여 명의 묘가 있다.

월드컵경기장(世界杯競技場)

세계의 이목이 쏠렸다
대한민국으로 쏠렸다
월드컵경기장으로 쏠렸다

방패연과 황포돛대와
우리의 팔모소반 형상으로
이상과 희망과 풍요를 상징한
아름다운 이 경기장은

쓰레기매립지에 세운
친환경적 꿈의 구장으로
세계가 한데 모여 뛰었다

노란 사람이 뛰었다
까만 사람이 뛰었다
하얀 사람이 뛰었다

뛰고 달리는 힘의 대결
차고 막는 기술의 경쟁
화합과 평화의 축전이었던

2002년 세계배 축구대회

그날은 이 경기장에서
목이 터지도록 외쳤다.
5천만이 하나로 외쳤다
'아, 아! 대한민국!'

☞ 월드컵경기장은 위에서 보면 이상의 사각방패연, 밑에서 보면 희망의 황포돛대, 옆에서 보면 전통의 팔모소반으로 세계적인 꿈의 구장이며, 쓰레기매립장에 세워짐으로서 친환경구장으로도 극찬을 받고 있는 관광명소이다.(2008. 11. 「내 고장 마포」)

절두산성지(切頭山聖地)

자신을 사루어서
빛이 되는 촛불처럼
얼음을 뚫고 나와
봄을 비는 새싹처럼
새 하늘을 열어 주신
성자들의 땅입니다.

서학(西學)을 한다 해서
믿음을 가졌다 해서
망나니 칼날 아래
쓰러진 순교자들
모두가 영생을 얻어
이 자리에 계십니다.

저 강심(江心)의 격류를
손으로 어찌 막으며
동천에 트는 여명을
부채로 어떻게 가리랴.

천주님 한 사랑으로
누리가 밝았습니다.

☞ 옛날부터 용두봉, 잠두봉으로 불렀으나 1866년 大院君의 천주교 탄압으로 이곳에서 천주교인들 목을 베게 된 뒤부터는 절두산이라 불리는데, 지금은 성당과 외국인(殉敎者)묘지를 연계하여 성역화했다.
(2008. 3. 《마포문학》제3호)

평화공원(平和公園)

맹꽁이는 맹꽁이라서
평화공원 주차장에 들어와
맹꽁이 짓을 하고 있었다

"참 좋네요."
"그럼, 평화공원인데……."
남루한 차림의 맹꽁이부부는
기름에 찌든 시멘트바닥을
천연스럽게 걷고 있었다

"그런데 풀도 물도 없잖슈."
"걷기 좋으라고 없앴나 봐."
맹꽁이는 맹꽁이기 때문에
평화란 신기루인줄을 모른다

"어서 다른 데루 가 봐유."
"여기가 문명된 곳이라니까."
"문명이 우리를 살려주남요?"

어기적거리며 걷고 있는

늙은 맹꽁이부부 앞으로
승용차가 빠르게 다가왔다

"이크! 이건 또 뭐유?"
"으악! 찍……."
순간 하늘도 눈을 감았다

맹꽁이는 맹꽁이라서
천지를 모르고 들어와
맹꽁이 짓을 했던 것이다

물질문명의 높은 파고에
쫓기고 뭉개지는 것이
이 맹꽁이들뿐이길 빈다
난지도 평화공원을 걸으면서.

☞ 월드컵경기장 앞 평화공원에는 숲과 호수와 문학비와 조형물이 조화를 이루고, 공원과 경기장과 농산물센터를 찾는 사람들을 위한 넓은 주차장이 있다. 거기를 지나다가 차바퀴에 깔려죽은 맹꽁이를 본 적이 있다.

풀무골대장간

매봉산 기슭 풀무골대장간은
울도 담도 없는 단간초가에
불을 피우던 풀무와
쇠를 달구고 녹이던 화덕과
연장을 만들던 모루와 망치가
늙고 병들어 버려져 있습니다

이랑을 짓고 김을 매어
곡식을 가꾸던 괭이와 호미
풀·나무를 베고 자르던 낫과 도끼도
하릴없이 여기에 모여 있습니다
자기들이 태어난 이 대장간에

팔도강산을 누비던 엽전과
그것을 만들던 틀도
엿가위와 쇠스랑 사이에서
등을 꼬부리고 누워있습니다

풀무골대장간에는 이렇게
세월 속에 묻혀간 옛것들이

간절한 기다림으로 남아있는데
그것을 만들고 부리던 사람들은
어디에서 무엇을 하고 있을까요?

월드컵경기장이 태어나면서
문명이란 괴물에 쫓겨난
매봉산 기슭 풀무골대장간에는
조상들의 지나간 한 삶이
박제되어 남아 있습니다.

☞ 풀무골(冶洞)은 매봉산 동쪽에 있던 마을로, 조선시대 엽전 만드는 대장간이 많아서 붙여진 이름이다. 2002년 월드컵경기장이 들어서면서 마을이 없어지자 그것을 상징해서 향토문화재복원사업으로 마을에서 가까웠던 이 자리에 대장간을 세웠다.

하늘공원

하늘계단을 오른다
한 계단을 오르니
둘레의 모든 것들이
한 계단 낮아지고

열 계단을 오르니
월드컵경기장이
열 계단 아래로 내려가
커다란 박쥐날개를 접는다

백 계단쯤 오르고 보니
성산대교가 턱밑에 와있고
난지천 놀이터 아이들이
내 무릎 아래에서
물매미처럼 맴을 돈다

이백 계단 쯤 올라보니
한강이 발아래 배를 깔고
꿈틀거리며 기어가고

이백 구십 한 계단을
마지막으로 올라서니
하늘공원은 갑자기
커다란 헬리콥터가 된다

억새밭 정상의
다섯 개 바람개비가
일제히 하늘을 휘저으며
나를 태우고 날아오른다

발아래 서울 시가지가
부러운 얼굴로 쳐다보며
나를 향해 손을 흔든다.

☞ 하늘공원은 난지도 제 2 매립지에 들어선 초지공원으로 면적은 19만㎡이며 쓰레기 매립지의 척박한 땅에서 자연이 어떻게 시작되는가를 보여줄 수 있는 공간이다. 공원을 X로 나눠 남북 쪽에는 높은 키의 풀을, 동서로는 낮은 키의 풀을 심었다.(2008. 3.《마포문학》제3호)

한강(漢江)

빈 깡통에도 물이 괴면
이끼가 끼고 벌레가 산다
물은 뭇 생명의 원천

태초부터 사람들은
강을 따라 모여들어
마을을 이루고
역사를 만들어냈다

우리의 한강 - 그것은 그래서
유구한 역사의 줄기였고
일천만 시민의 젖줄이었다

한강은 우리의 자존심
새로운 창조 - 기적의 상징으로
세계 속에 자랑할 민족의 혈맥.

☞ 한강은 태백산맥에서 시작되어 강원·충북·경기·서울을 관통하여 서해 경기만으로 흘러든다. 고구려 때는 아리수, 삼국시대는 한수, 고려 때는 사평강, 조선시대는 명수대를 기점으로 서쪽 마포와 김포 쪽은 서호(西湖), 동쪽 압구정쪽은 동호(東湖)라고 부르다가 지금은 한강이라 한다.

한강 유람선(遊覽船)

한강 유람선을 타면
푸른 하늘이 내려와
장막으로 드리워지고
바람도 달려와
휘장으로 펄럭입니다

가슴을 펴고 하늘을 보면
어느 사이 내 몸은
우주를 향해 달리는
꿈의 유람선에 있습니다

굽이도는 은하수가
저 멀리 흘러가고
반짝이는 별무리가
꽃불처럼 쏟아집니다

그 가운데에서
유람선도 별이 되어
우주 속을 흘러갑니다.

☞ 한강 유람선은 한강에 있는 대형 놀잇배다. 타고 가면서 식사도 하며, 공연도 관람하고 주변 풍광도 즐길 수 있다.

홍제천(弘濟川)

홍제는 크고 넓게(弘) 건짐(濟)이니
밀어주고 끌어주는 작은 물길 하나도
서로가 서로를 돕는 구원의 몸짓인 것

천변으로 다가서는 풀·나무 한 그루도
하늘같은 손길로 어루만져 길러주고
여항간에 들끓는 뜨거운 탐진치도
한 품에 끌어안아 조용히 다독이며
곤한 세월 속을 묵묵히 누벼오는
저 유구한 홍제의 푸르름을 생각한다

옛날 한 때 이 땅의 우국지사들이
보국안민의 칼을 씻은 세검정(洗劍亭)
청나라에 잡혀갔다가 탈출해오는
반가의 아녀자들을 구했던 목간(沐間)
오랑캐를 막아낸 홍지문과 연융대(鍊戎臺)
만중생을 제도해온 옥천암의 마애불(磨崖佛)
사신과 관리들이 기숙했던 홍제원(弘濟院)

이 많은 사연들을 하나로 품어 안고
오늘도 말없이 흐르는 홍제천(弘濟川)은
아픈 역사의 물길이고 강토의 혈맥이라
작지만 크고, 좁지만 넓은 우리의 원역(願域)
그것이 성산을 감돌아 한강으로 흘러간다.
만유를 포용하고 있는 구원의 천류(川流).

☞ 홍(弘)은 크고, 넓음이고, 제(濟)는 건너다이므로 구제하다의 뜻이다. 홍제천은 사람을 고난에서 구해낸다는 의미를 가진 시내이다. 홍제원목간(弘濟院沐間)이란 말이 있는데 병자호란 때 청나라에 끌려갔다가 도망쳐 오는 아녀자들을 구하기 위해 가마솥에 데운 물로 몸을 씻으면 前非는 滅盡된다며 나라에서 홍제동에 마련했던 목욕탕에서 유래된 속담이라고 한다.

X. 청풍명월 벚꽃축제

1. 명당 중의 명당 __ 206
2. 청풍명월의 고장 __ 207
3. 진료에서 완치까지 __ 208
4. 청풍호를 지나며 __ 209
5. 빛으로 지는 꽃잎 __ 210
6. 솟대가 된 새들 __ 211
7. 이야기 갤러리 __ 212
8. 땅에 새긴 심장 __ 214
9. 시랑산 삼등령 __ 216
10. 괴목 속 오백나한 __ 217

시랑산 박달재

'맑은 바람, 밝은 달'의 제천은 충주댐이 건설되면서 호반도시가 됨으로서 산수의 조화가 절경을 이루고 있다. 우리 역사상 최고의 수리시설 의림지, 박달도령과 금봉낭자의 애절한 사랑의 박달재를 비롯하여 월악산, 청풍문화재단지, 금수산, 용하구곡, 송계계곡, 옥순봉, 탁사정, 배론성지가 제천 10경으로 그 풍광을 자랑한다. 2013년 제천시 관광과 초청으로 한국동요작사작곡가협회 회원과 서울 YMCA여성합창단이 청풍벚꽃축제에 다녀왔다.

명당 중의 명당
-제천시의 노래

소백 월악 치악산이
성벽처럼 둘러싸고
경상 충청 강원도로
사통팔달 교통하니
제천은 살기 좋은 곳
명당 중의 명당이라

청풍명월 예찬하는
선망의 땅 여기에서
멧새처럼 둥지 틀고
한 평생을 살고 보니
흙 한줌, 물 한 방울도
살이고 피인 것을

자연치유 무병장수
은혜로운 이 터전은
우리 정성 다 바쳐서
가꾸어갈 사랑이라
십대비경 제일강산
더욱 빛내 가리라.

☞ 제천시 초청으로 한국동요 작사작곡가협회 회원 10명과 YMCA합창단 10명이 청풍호 벚꽃축제에 참가했다. 제천은 1995년에 시군이 통합되었고, 자연과 환경이 좋아 관광휴양지로 손꼽힌다.(2013. 4. 19)

청풍명월의 고장
-청풍면의 자랑

바람결이 맑아서
산빛도 맑고요
산빛이 밝으니
마음씨도 밝아서
다정하고 순박한
사람들이 사는 곳

그 자랑을 기리자
아름다운 우리 청풍

하늘빛이 고와서
물빛도 곱고요
물빛이 좋으니
인심들도 좋아서
슬기롭고 선량한
사람들이 사는 곳

그 긍지를 높이자
내 고향 청풍명월.

☞ 충청북도 제천시 청풍면은 충주호 건설로 낮은 곳은 호수가 되고 남은 곳은 200~500m 이상의 산지로 경치가 좋은데 매년 청풍호 벚꽃축제를 개최하여 많은 관광객을 불러드리고 있다.(2013. 4. 19)

진료에서 완치까지
−한방명의촌에서

옛날부터 약령시와
한약재의 생산지로
생태치유 최적지에
이름 높은 건강도시
제천은 한방의술의 최첨단을 간답니다

국제한방 엑스포를
처음으로 개최하여
한의학의 훌륭함을
전 세계에 알린 자리
여기가 한방명의촌 자랑스런 곳입니다.

진맥을 하여서는
침과 뜸을 놓아주고
약연을 손수 갈아
첩약으로 처방하며
옛것을 이어받아서 더욱 높여 갑니다.

☞ 제천시 봉양읍 명암리에 있는 한방명의촌은 2009년에 세웠는데 성인병, 난치병, 불치병, 자연치유, 기천활명법 등 전문진료관을 두고 어려운 병을 치료하기 위해 세워진 곳으로 '진료부터 완치까지'라는 마음으로 운영하고 있다.(2013. 4. 19)

청풍호를 지나며
−청풍호 유람선

장희나루 선착장에서
유람선을 타고 보면
산도 청풍호의 산은
여늬 산과는 다릅니다

그것은 수반에 담긴
한 덩어리 수석이며
살아있는 산수도입니다

청풍호를 가고 오는
유람선을 타고 보면
물도 청풍호의 물은
여늬 물과는 다릅니다

그것은 수석을 앉힌
수반의 청정수로
산을 띄우고 있었습니다.

청풍호 유람선은 신단양, 장희, 청풍, 충주를 오가며, 수경분수, 단양팔경, 만학천봉, 청풍문화재단지와 주변의 금수산, 강선대, 신선봉, 월악산, 두무산 등을 관광할 수 있다.
(2013. 4. 20)

빛으로 지는 꽃잎
−청풍벚꽃축제

청풍의 벚꽃들은
뭉게뭉게 구름인데
바람이 흔들고 가니
수수만 장 빛 조각들이
반딧불로 날아 내렸다

땅에 내려서는
반짝이 무늬였다가
내가 지나가니
다투어 따라오는
무리무리 나비 떼였다

온몸으로 깔깔거리는
웃음이기도 한 그것은
까불거리며 달음질하던
내 어린 날이었다

청풍의 벚꽃은
빛으로 세상에 와서
하늘과 땅을 밝히다가
빛으로 지는 숨결이었다.

☞ 제천시 청풍면은 4월초에 열리는 청풍호 벚꽃축제의 중심지다. 수백 년씩 된 아름드리 벚나무들이 시가지는 물론 변두리의 가로수로 심어져 꽃이 장관을 이룬다.(2013. 4. 19)

솟대가 된 새들
-능강솟대전시관

사는 일이 죄이었던가
바라는 것이 하도 많아
새를 불러 부탁하였네

안녕과 풍요를 달라는
사람들의 그 소망을
하늘에 빌기 위해
장대 끝에 날아와 앉아
솟대가 된 새들

두고 온 가족들은
애타게 찾고 있을 텐데
어찌 그리도 무심하냐
자리를 뜨지 못하는
솟대의 애절한 마음.

☞ 제천시 수산면 능강리에 있는 솟대문화공간은 우리의 전통적인 솟대를 현대적 조형물로 승화시킨 조각가 윤영호님의 솟대 작품을 실내외에 전시해 놓은 문화공간이다.
(2013. 4. 19)

이야기 갤러리
-박정우 갤러리

꿈을 그리는
소녀가 있었네
벚꽃의 빛결 위에서
청풍호를 내려다보는
정갈스런 2층 방

소녀의 손끝에서
연보라빛 꿈이 피는
방안을 들어서면

추녀 밑에 쪼그리고 앉아
기약 없는 임을 기다리는
백일홍의 사랑이 있고

그리워도 말 못하고
아닌 체 돌아서는
연꽃의 맑은 연정도
절제된 향기로 다가오는데

소녀의 방은 어느덧
이야기를 가득 싣고
나비 날개만 같은
꿈의 돛대를 달고
호수 저편 아득히
먼 하늘을 가고 있었네.

☞ '박정우 갤러리'는 청풍호반에 있는데, 문화재길에서 바로 들어가는 2층 전시실은 실크에 염료로 그린 박정우 화가의 그림과 공예품 전시판매실이고, 1층은 다른 화가들이 작품을 전시할 수 있게 대여하고 있었다.(2013. 4. 19)

땅에 새긴 심장
−제천 의림지에서

손끝에 가시랭이 하나 박혀도
빨간 피가 번져 나온다
심장에서 벋은 생명줄이
거기까지 닿아있는 것이다

신털이봉의 소나무
용의 비늘 같은 껍질 사이로
투명한 수액이 비쳐 보인다
지하수 한 가닥이 벋어와
물관 깊은 곳을 흐르다가
거기로 스며 나온 것이다

사는 일이 하도 버거워
이 좋은 땅을 찾아서
심장(心) 하나 새겨놓고
치자(治者)의 눈물과
궁민(窮民)들의 땀을 받아
젖과 피로 하여 땅을 먹이고
생명줄이 되어 흐르게 하며

모든 중생을 길러온 것이다

보라, 물을 담은 그릇이
쉬임없이 흔들리는 것은
심장의 박동이다
젖병의 버릇이다

수수만 갈래로 나뉘어
하늘과 땅을 누벼온
저 푸른 젖과 피는 지금
또 다른 생명줄이 되고저
출발선에 모여 있는 것이다.

☞ 의림지는 김제 벽골제, 밀양 수산제와 함께 삼한시대에 만들어진 우리나라에서 가장 오래된 저수지다. 의림지는 생김새가 심장(心臟)을 상징하는 마음 심(心)자 모양이다. 호숫가에 영호정, 경호루, 자연폭포가 소나무, 수양버들과 어우러져 있다. 원래는 '임지'라 하였으나, 고려 성종 때 제천읍이 '의원현' 또는 '의천'이라 불리면서, '의림지'라 하게 되었다.(2013. 4. 19)

시랑산 삼등령
−박달재를 넘으며

과거보러 가던 박달도령이
괴나리봇짐을 벗어놓고
짚신감발을 풀던 밤

금봉 낭자의 가슴 녘에는
몰래 간직했던 꽃씨 하나
고운 꽃잎으로 눈을 뜨고

유현의 골짜기로 부터
밤새소리 애절한 삼경
고콜불을 밝힌 바람벽에는
흔들리는 두 그림자가 있었기

금봉이의 연분홍 치마가
오늘은 진달래로 피어서
하늘로 오르는 이 길을
그날처럼 밝히고 있었다.

☞ 시랑은 신라 최고행정기관인 집사성의 한 벼슬 이름인데, 박달재가 있는 산이 시랑산이다. 박달재는 충청북도 제일의 고갯길로 조선중엽에 있었다는 박달도령과 금봉낭자의 사랑이야기로 유명해졌다. 몽골을 물리친 고려 김취려장군을 모신 안국사와 조각공원, 천연목찰 목굴암과 오백나한전 등 볼거리가 많다.(2013.4.19.)

괴목 속 오백나한
–박달재 천연목찰

부처님의 가르침은
어느 세상을 가고 있을까?

가면 다시 오지 못한다는
이승과 저승 사이를
왕사성 골짜기 칠엽굴 같은
괴목의 좁은 뱃속을 빌어서
세상에 다시 온 오백나한

시랑산 고갯길에서
환한 미소로 나를 맞아
입을 모아 법문을 했다

멧새들의 재잘거림으로
바람에 실린 솔향기로
남루한 정신을 일깨우고

청아한 하늘빛으로
낭랑한 계곡물로

내 마음을 닦아주었다

오백 개의 목탁 소리로
탁세를 단금질하고 있었다
괴목 속 오백나한님들이.

☞ 성각 스님이 15년 걸려 박달과 금봉이의 전설을 목각공원으로 만들면서, 천년 묵은 느티나무 속에 부처님과 오백나한상을 새겨서 천연목찰 오백나한전과 목굴암을 건립했는데, 관광명소가 되었다.(2013.4.19.).

XI. 편안한 동쪽 하늘

1. 중앙선을 타고 __ 220
2. 어머님의 베틀 __ 222
3. 아버지 생각 __ 225
4. 부모님을 기리며 __ 226
5. 두메마을 관음절 __ 227
6. 한두실 옛 집터 __ 228
7. 학가산 덕진골 __ 229
8. 몽꼴의 화전민 __ 230
9. 학가산(鶴駕山) __ 231
10. 봉정사(鳳停寺) __ 232
11. 광흥사(廣興寺) __ 233
12. 애련사(艾蓮寺) __ 234

안동 하회마을

안동은 삼국시대 이전에는 창녕국(昌寧國)·소라국(召羅國)·구령국(駒帥國) 등이 있었고, 삼국시대에는 신라의 고타야군(古陀耶郡)이었다가 후삼국시대에 후백제와 고려가 대립하였을 때 이곳 호족들이 고려 태조 왕건을 도운 공으로 940년(태조 23)에 안동부로 승격되어 경상도의 중심지역 중의 하나로 되었다. 나는 1935년 안동군 서후면 대두서에서 나서 풍산면 죽전동에서 자랐고, 지금은 어머니, 아버지와 동생의 유택이 죽전에 있다.

중앙선을 타고

중앙선을 타고 보니
철길을 따라서
모든 게 하나로 이어져 있다

산과 산이 어깨동무를 하고
논밭이 서로 손을 잡고
기차를 따라온다
나하고 귀향길 동행이 된다

내 방을 밝혀주던 전등의
그 전깃줄을 치켜든 철탑과
우리 전화기에 소리를 전해주던
고마운 전봇줄도 따라온다

산과 들과 마을과
거기 담긴 모든 것을 이끌고
내 다리를 대신해서
달려주는 기차바퀴

그 아래 두 가닥 레일도

나란히 이어져 달리고 있다

서울에서 안동까지는
아득히 먼 거리인데도

기차를 타고 보니
거기가 바로 거기이다
하나로 이어진 이웃이다.

☞ 1980년대까지만 해도 서울에서 안동을 가려면 청량리에서 중앙선을 타는데 6시간이 넘게 걸렸다. 내가 고향을 잘 가지 않으니, 어머니, 아버지는 나를 보러 이따금 중앙선 열차를 타고 서울을 오셨지만 사흘을 못 넘기고 가셨다. 부모들이 세상을 뜬 후 열차를 타니, 부모님 생각이 간절했다.(1980. 1. 15)

어머님의 베틀

삼굿을 마련한 아부지는
푸나무를 태워 달군 자갈에
물을 뿌려 삼을 쪄낸다

쪄낸 삼은 껍질을 벗겨
물에 적셔 삼톱으로 톺아내면
살결 고운 지추리가 된다

어메는 두레삼을 시작한다
어린 처자도 호호 할매도
멍석자리에 초롱불을 밝히고
밤새워 삼을 삼는다

서산마루로 삼태성도 지고
스무사흘 달은 뜨는데
삼광주리는 언제 채워지나
길쌈노래로 졸음을 쫓는다

몇 날 몇 밤을 삼은 실은
날틀에 걸어 가닥가닥 합쳐서
돌곳에 감아 베날기를 한다

새터 할매가 늘여놓은 삼실에
된장과 조당수를 이겨 바르고
솔로 빗겨 벳불에 말리면
올올이 스미는 햇살을 따라
청량산 청량사의 목탁소리도
도산서원 전교당의 글소리도
함께 와서 도투마리에 감긴다

도투마리가 베틀에 오르면
베틀은 온몸으로 삼베를 짠다
용두머리 소리에 맞춰
눈썹대가 오르내리고
잉앗대가 갈라주는 날실 사이로
북이 날아들고 바디집이 내려치고

한두실에서 대밭골에서
골골마다 집집마다
—딸그락 찰깍! 째그락 딸각!
베틀소리 그것은

—깽깽 쾅자작! 징징 쿵더쿵!

하회 탈춤의 정겨운 가락과 함께
천년의 사랑을 다듬어 엮는 소리
뜨거운 소망을 풀어내는 소리
고을 전체가 공장이었다
안동 웅부- 크나 큰 삼베공장

짜낸 삼베는 상계를 낸다
겨를이나 콩깍지잿물에 적셔
가마에 쪄서 물에 헹궈 널면
주름주름 황금빛이 눈부신
안동포 사십자 한 필은
골안 가득 무지개로 걸린다

아! 얼마나 큰 정성이고 자랑인가
선녀의 날개옷인들 이보다 더할까?
안동포 삼베 한 필 그것은
영원한 안동의 자존심이었다.

☞ 우리는 아버지의 재종들과 함께 관음절 큰골 입구에 살았는데, 6·25 직전에 본동으로 옮겼다. 학가산을 중심으로 활동하던 빨치산에 대비하여 마을 둘레에 초소를 짓고 자체경비를 하게 되었기 때문이었다. 1955년 나는 상주로 가고 동생이 부모님을 모셨다. 1973년 어머니가 세상을 떠난 후 헛간에 버려져 있는 베틀을 보니, 안동포를 짜시던 어머니 모습이 떠올랐다.(1973. 1. 28)

아버지 생각

나라가 힘이 없으니 삶터마저 빼앗기고
빈손으로 고향 떠나 낯선 곳을 떠돌면서
힘겨운 날품팔이로 지내시던 곤한 시절

삼베적삼 등받이가 소금기로 찌들도록
쟁기질과 김매기로 온 삭신이 쑤셨지만
그것도 분복이라며 웃음으로 넘기셨죠

품삯을 모아서는 도지밭을 마련한 뒤
그 땅을 원역으로 한을 심어 거두어도
마음은 만석꾼인양 넉넉하게 여기더니

겨울이 지나며는 정녕 봄은 올 것인데
어찌하여 그 때를 기다리지 아니 하고
다시는 못 오실 길을 그리 쉽게 가셨나요

뿌린 대로 거둔다는 순리만을 믿으시며
당신이 가꾸시던 막곡(幕谷)의 한 뼘 땅에
세상 일 다 잊으시고 깊이 잠든 아버지.

☞ 아버지는 일제 때 농토가 친일파들에게 넘어가자 외국으로 가버렸다. 해방 후에 빼앗긴 땅을 찾으려고 법에 호소했으나 친일 세력은 그대로 관직을 장악하고 있어 뜻을 이루지 못하고 빈손으로 죽전동으로 이주하여 어렵게 살다가 손수 목숨처럼 귀하게 가꾸시던 마곡 밭에 어머니와 함께 잠들어 계신다.(1979.1.16)

부모님을 기리며

오로지 논밭에 운명을 걸고
순리의 삶을 몸으로 보이시며
일생을 보내신 아버지 · 어머니

이제는 세상일 다 잊으시고
아쉬움과 그리움만 남기신채
빈손으로 여기 잠드셨습니다

저희는 못 잊어 그리는 정을
돌에 새겨 표석으로 세우며
두 분의 왕생극락을 빕니다.

—鍾祥 鍾華 玉花

☞ 어머니(晋州 姜鳳石)는 1916년 10월 15일 예천군 보문면 가거리에서 나셔서 안동군 서후면 한두실로 아버지(金海 金桂明)에게 시집 와서 1973년 1월 28일(음)까지 오로지 논밭에 운명을 걸고 사셨다. 1918년 4월 4일에 태어나신 아버지는 1979년 1월 16일(음)에 영면하셨다. 두 동생과 나는 두 분의 유택에 무궁화 한 그루를 심고 이 글로 추모비를 세웠다.

(2009. 4. 4)

두메마을 관음절

풍산에서 북쪽으로
이십 리 골짜기에
동떨어져 외로 앉은
죽전동 관음절은
하늘에 운명을 걸고
살아가는 두메마을

논밭 갈아 밥을 먹고
샘을 파서 물마시며
곤궁함도 분복인양
잔정으로 받들어 온
거기가 내가 자라고
부모님이 사셨던 땅

지금도 눈을 감고
한 세월을 접고 보면
오솔길에 잡초처럼
밟혀오는 모습들이
고목에 나이테처럼
아픔으로 감깁니다.

☞ 풍산읍 죽전리 관음절(觀音寺) 마을은 해방 직후 서후면 대두서에서 우리 식구가 이주한 곳이다. 관음절이란 마을 이름은 옛날에 이곳에 관음사라는 절이 있어서 붙여진 이름이라 하는데, 그 절이 있었던 장소는 알 길이 없고 이름만 남아있다.(2014. 1. 28)

한두실 옛 집터

향수(鄕愁)도 세월가면
그림처럼 빛이 바래
마음에서 멀어져가는 고향을 찾아보니
마을 앞 동구나무도 베어지고 없었네

어릴 적 기억 따라 고샅길을 들어서니
옛집은 사라지고 빈터만 남았는데
어머니 다듬잇돌은 잡초 속에 있었네

마당에서 피고 지던 모란과 옥매화며
뒤란에 살고 있던 청개구리 후손들은
지금은 어디로 가서 어찌 살고 있을까

관솔불을 밝혀놓고 길쌈노래 부르면서
삼태성이 기울도록 삼을 삼던 내 어머니
지금도 어느 하늘에서 안동포를 짜실까

돌아서 오려는데 궂은비가 흩뿌리니
소나기에 쫓기어서 어머니와 내달렸던
그 옛날 밭두렁길이 빗속으로 어려왔네.

☞ 내가 태어난 곳은 안동군 서후면 대두서동이다. 반세기도 지나서 찾아가 보니 집은 흔적도 없고 망초만 우거진 빈터에 어머니가 다듬이질 하시던 빨랫돌과 깨진 사기요강의 파편들이 남아있었다.

(1973. 6. 28)

학가산 덕진골

푸른 장삼 차려입고
가부좌한 학가산은
영검스런 덕진골을
무릎아래 열어두고

세상사
만단수심을
다스리고 있었지요

지난날 어머니는
어린 나를 앞세우고
거기로 찾아가서
소망을 빌었는데
이제는
어디인지를
찾아봐도 알 수 없네.

☞ 내 어머니는 매년 4월 초파일이면 음식을 마련해 가지고 학가산 재품들 막장인 덕진골에 가서 촛불을 켜며 자식과 집안의 평안을 빌었다. 그러면서도 자신의 안위는 생각지 않으셨다. 이 덕진골을 계속 올라가면 천주마을과 맞닿을 정도로 긴 골짜기인데 산세도 신비롭고 물도 좋을 뿐만 아니라 큰 바위가 많아 옛날부터 불교나 민간신앙의 기도처로 유명하다.(1974. 1. 12)

몽꼴의 화전민

그 옛날 학가산의 몽꼴이란 골짜기엔
세상에서 내버려진 화전민 몇 가구가
풀숲에 둥지를 틀고 멧새처럼 살았어요

자고 나면 일만 해도 사는 것이 은총이라
억새밭을 쪼아서는 씨뿌리고 김매면서
귀여운 아기도 낳아 천금같이 길렀지요

노을이 지고나면 짓누르는 적막이며
서럽게 울고 있는 밤새의 흐느낌도
정으로 받아드려서 가슴속에 품었어요

그러한 화전민이 세월처럼 떠난 빈터
아득한 전설인양 쑥대만 무성한데
지금은 어디로 가서 무얼하며 살까요.

☞ 몽꼴은 보문면 산성리에서 오른쪽 고개를 넘어 우래리로 가는 깊은 골짜기인데, 어머니를 따라 가거리 외갓집을 갈 때나 산나물 다래순을 뜯으러 자주 다녔던 곳이다. 그럴 때면 화전민들은 우리를 불러 감자나 빨간 산무를 내주곤 했다. 지금은 이 골짜기를 무어라고 부르는지 누가 알려주면 좋겠다.

(1975. 5. 6)

학가산(鶴駕山)

구름을 화관으로
머리에 썼습니다
산안개를 목에 걸고
바람에 날립니다

한 마리
학으로 살아
비상하는 산입니다

내 어머니 아버지의
발 때 묻은 산입니다
그들은 모두 가고
홀로 남은 산입니다
그래서
학가산이란
눈물 같은 정입니다.

☞ 학가산(鶴駕山 882m)은 안동, 영주, 예천의 분기점에 있는데, 소백산을 향하여 날아가는 학의 모양이라 해서 붙여진 이름이다. 정상에는 성터와 봉수대 흔적이 남아있는데, 지금은 군사용 레이더와 산업용 안테나가 서있다. 산의 남쪽 기슭에는 내 어머니가 어린 나를 데리고 다녔던 광흥사와 애련사가 있다.(2014. 2. 2)

봉정사(鳳停寺)

하늘이 등을 밝힌 천등산 토굴에서
법력으로 날려 보낸 능인대덕 종이봉황이
길지(吉地)를 잡아주어서 세웠다는 봉정사는

선비의 고장으로 긍지 높은 안동 땅에
정신문화 이정표로 우뚝하게 자리하고
봉황의 높은 품위를 일러주는 곳입니다

몰아오는 비바람에 흔들리는 마음들과
생각이 다르다고 찢어놓은 가슴들을
부처님 자비향기로 치유해줄 이 도량에

탑머리로 열려오는 하늘은 더 푸르고
목탁소리 음절마다 불두화 피는 뜻은
서로가 서로를 도와 함께 가자 함입니다.

☞ 봉정사(鳳停寺)는 신라 문무왕 12년(672) 때 의상대사의 제자 능인스님이 세웠다. 능인스님이 젊었을 때 대망산 바위굴에서 도를 닦는데, 하늘의 선녀가 등불을 갖고 와서 밝혔으므로 그 굴을 천등굴이라 하고 산도 천등산이 되었다. 하루는 능인스님이 도력으로 종이봉황을 만들어 날렸더니 산 아래로 가서 앉았다. 그 자리에 절을 짓고 '봉황이 머문 자리'라 하여 이름을 봉정사(鳳停寺)라 하였다.(1977. 2. 6)

광흥사(廣興寺)

국사봉을 흘러내린 솔바람이
광흥사 응진전 추녀에 와서
댕그랑 댕그랑 풍경을 흔든다

어머니의 치마끈을 잡고 왔던
내 어릴 적 그 때에도
풍경은 저렇게 흔들리고 있었다
바람도 그 때 그 바람일까?

풍경으로 흔들리던 물고기가
추녀를 스치는 솔바람에 실려
먼 하늘로 헤엄쳐가고 있다

어머니의 넋도 그 때처럼
저 물고기 등을 타고 지금
어느 하늘을 돌아오신 것일까?

응진전을 향해 손을 모으니
내 어머니의 환영이
옛 모습으로 법당을 나오신다.

☞ 광흥사는 학가산의 남쪽 기슭에 있는 고찰이다. 복장유물로 훈민정음해례본(訓民正音解例本), 금자사경(金字寫經)과 동종(銅鍾)이 나왔다. 동종은 16세기 조선구리종으로 보물 제1645호로 지정되어 서울 불교중앙박물관에 보관되어 있다. 또 나옹화상의 어록과 발원문이 있는 광흥사장금자사경은 기록유산 문화재로 조선시대 불경연구에 귀중한 자료이다.(1977. 2. 10)

애련사(艾蓮寺)

학가산 앞자락에 숨어 앉은 애련사는
방울새 둥지만큼 자그마한 절이지만
밤이면 북두칠성이 추녀 끝에 걸리고

어두움의 장막이 겹겹이 드리우면
둘레의 산록들도 돌아누워 잠드는데
극락전 아미타불은 초롱초롱 깨어있네

그 옛날 내 어머니 끝없는 원을 안고
수많은 낮과 밤을 지새우며 발원해도
계류만 앙가슴 속을 적셔주던 절이네.

☞ 애련사(艾蓮寺)는 안동군 서후면 자품리 산 938번지에 있다. 해발 600m 학가산 정상인 국사봉 아래 있는데 광흥사에 딸린 신라 때부터 있어온 암자이다. 극락전과 의향각이 있다. 어머니는 어린 내 손을 잡고 광흥사, 애련사, 덕진골을 열심히 다니셨다.(2010. 2. 3)

XII. 물 따라 산 찾아

1. 마이산 부부봉 __ 236
2. 낙가산 보문사 __ 237
3. 제주도 토끼섬 __ 238
4. 진해군항제에서 __ 240
5. 불암산 등산 __ 242
6. 새만금을 지나며 __ 244
7. 원미산 진달래 __ 245
8. 여의도 벚꽃 __ 246
9. 산이 먼저 __ 248
10. 쇄빙선 아라온호 __ 249
11. 백마의 전설 __ 251
12. 노동당사 __ 253
13. 통일촌에서 __ 254
14. 선사유적지 __ 255

전곡선사유적지

교단에서 어린이 일기지도는 열심히 했으면서 내 자신은 일기를 쓰지 않았다. 일기 같은 것을 썼다면 군대생활 중에 하루 일과를 수첩에 적었던 기억밖에 없다. 그 수첩도 휴가 나오는 길에 검문에서 압수당하고 반 년 치 기록이 남았을 뿐이다. 기행시라는 이름으로 여기 보이는 글은 타의에 의해 썼던 것인데 버리기는 아까워서 찾아 모은 것이다.

마이산 부부봉

마이산은 산이 아닌
두 송이 꽃인 거지
너도 피고 나도 피어
서로를 받쳐주며

두 몸이
하나로 되어
떠오르는 꽃송이

서로를 받들어서
빛과 향을 더해주고
스스로를 추스려서
하늘만큼 높여주며

영원을
순간에 피워
분분하게 사는 산.

☞ 염기원과 진안국민학교에서 개최된 제3회 전북국어교육연수회에 갔다가 마이산(馬耳山)을 구경하고 운일암 산장에서 하룻밤을 보냈다. 손석배, 임복근, 최균희, 남경희 등 전북글짓기회 교사들 10여 명이 동행했다. 마이산은 암마이봉(686.0m)과 숫마이봉(679.9m)으로 이루어진 부부산인데, 두 봉우리 모양이 말의 귀 같다 하여 마이산으로 불린다.
(1973. 8. 15)

낙가산 보문사

번뇌 망상 씻으려고
보문사를 찾았더니

범종과 인경 소리 만중생을 일깨우고
극락보전 삼천불은 감로법을 설하시네

팔을 베고 열반하신
와불전의 석존님과

사리탑을 둘러앉은 오백 분의 아라한들
이 원역은 나한도량 관음성지 부처님 땅

고해 속의 중생들을
빠짐없이 구제하여
서방정토 극락으로 인도하러 오셨다는
관음보살 마애불이 눈짓으로 반기시네.

☞ 2009년 한국불교아동문학회 제 4대 회장에 추대된 나는 본생경(jātaka)을 동화로 개작하는 일과 와우산 영통사, 고령산 보광사에 이어 강화군 석모도 낙가산 보문사 사찰참배 연수를 실시했다. 보문사 연수회 때는 내가 '본생경 개작'에 대한 주제 발표를 했는데, 먼 지방의 회원들까지 승용차를 몰고 많이 참석하여 성황을 이루었다.(2010. 3. 7)

제주도 토기섬

여름 햇살이 눈부신
제주 하도리 앞 바다로
하얀 깃털의 토 생원이
둥실둥실 떠오고 있습니다

별주부를 따라
용궁으로 갔다가
간을 달라는 용왕에게

제 간은 만병통치의 영약이라
바위 금고에 숨겨 두었으니

뭍으로 나가 찾아오겠다며
겨우 살아나온 토 생원

그 토 생원이
제주도 낙원을 찾아서
그렇게 달려오고 있습니다

푸른 옥빛의 바다 위에
눈부신 꽃깃으로 덮인

문주란 자생지 토끼섬

마파람에 실려
수궁가 한 가락이
꿈결처럼 들려오는데

문주란 꽃으로 덮인
토끼섬은
파도의 어깨를 타고

덩실덩실 춤을 추며
나에게로 다가오고 있습니다.

☞ 토끼섬은 제주특별자치도 제주시 구좌읍 하도리 355번지 문주란 자생지이다. 제주문협 장승련의 청탁으로 쓴 이 시는 2012년 8월 30일 제주를 노래한 시집 《詩보다 아름다운 제주》 P.184에 토끼섬 사진과 함께 한국어, 중국어, 영어로 번역되어 수록되었다.(2012. 8. 30)

진해군항제에서

파도를 타고 앉은
상륙함 향로봉 마루에
어줍은 시 몇 편 걸어놓고
호국영령들을 생각했다

살고자 하면 죽을 것이요
죽고자 하면 살 것이니
죽음으로 조국을 지킬 자
나를 따르라 외치며

이름 없는 중민을 모아
낡은 어선 12척으로
적함 130여척을 쳐부순
명량해전의 성웅 이순신

그 기백과 충정을 뿌리로
세계적 강군으로 자라난
우리 해군의 심장부
바다를 제압한 기지에서

장군을 기리는 축제가
고비에 이른 오늘은
만개한 벚꽃과 동백을
쓰다듬듯 봄비가 씻어주고

시화의 걸개 위에
구슬로 맺힌 빗방울은
보석처럼 빛나고 있었다.

☞ 글벗·길벗 박용호 회장 주관으로 3년째 개최하는 진해군항제 호국보훈시화전을 다녀왔다. 비가 내려서 호국보훈시 낭송회는 해군기지사령부 상륙함의 하나인 '향로봉호' 안에서 하고 해군사관학교를 탐방했다. 버스 안에서는 연수회를 가졌는데 내가 특강을 했다.(2013. 4. 6)

불암산 등산

바위산 봉우리가
송낙 쓴 불상이라 하니
산을 오르는 나는
그의 옷깃을 기어오르는
진드기쯤이나 될까?

석가여래 손바닥의
손오공이 생각난다.

노원평을 연좌대로 앉아
합장을 한 불암산은
영겁의 명상에 들었는데
송낙의 정수리에서는
태극기가 펄럭이고 있다

가쁜 숨을 헉헉거리며
그의 옷섶을 맴돌던 나는
해탈당상의 어깨쯤에 있는
불암정으로 발길을 돌려
눈을 감고 합장을 했다

둘레의 산주름에서는
기지개를 켜는 새싹들과
잠귀 밝은 물소리가
무정설법으로
내 마음의 때를 씻어준다

산전체가 여래의 말씀이다.
부처님의 장삼자락이다.

☞ 강서문협에서 회원의 상호친목과 자질향상을 위해 등산과 공부방을 계획했다. 3월말에는 김명섭 시인방에서 시창작연수를 했고, 오늘은 불암산으로 등산을 했다. 조일규 회장과 신두업, 김명섭 부회장, 김혜령 시인은 정상까지 가는데, 나는 정상을 1km 앞두고 불암정에서 쉬었다. 일행이 돌아오자 불암정에서 점심을 했다. (2013. 4. 1)

새만금을 지나며

물로 물을 막고
갯벌로 갯벌을 메우니
물이 흙으로 변하고
바다가 육지로 둔갑했다

상전벽해가 아니라
여기는 벽해상전으로
땅모양이 달라지고
나라 지도가 바뀌었다

물고기는 새가 되어
하늘을 날아다니고
해궁의 인어아가씨는
관광해설사로 환생하여
우리를 안내하였다

새만금 신천지에서는
사람이 열어가는
천지개벽이 있었다.

☞ 새만금은 군산과 부안을 잇는 세계 최장방조제 33.9km를 2010년에 준공함으로써 생긴 땅 1억 2천만 평(서울 면적의 2/3, 여의도의 140배)을 말한다. 이 일은 기네스북에도 오른 단군 이래 최대 국책사업이었는데, 이 땅에는 농업단지, 축산단지, 산업단지, 관광단지, 항만시설 등을 갖추어 나갈 계획이란다.(2013. 4. 10)

원미산 진달래

어머니 가신 황천강 건너
피에 젖은 서천의 두견화가
여기에서 나를 기다리다니

참았던 재채기처럼
단번에 와짝 뿜어내는
붉은 회오리바람만 같은

세월이 깊으면
설움도 절이 삭는다는데
내 어머니 꺾어주신 그 꽃을
허기를 면하려고 따먹던 일은

지금도 그렁그렁 눈물로 번져
저녁놀로 물드는 서러운 기억

한 목숨 피고 지는 이치를
온몸을 풀어 펼쳐 보이는
통한의 불꽃놀이만 같은
활활 타오르는 원미산 진달래.

☞ 경기도 부천시 춘의동 진달래축제추진위원회가 주최하는 원미산진달래축제는 부천 원미산 일대에서 3일간 다양한 체험프로그램으로 진행된다. 원미산 진달래는 여러 해 동안 계획적으로 심어 가꾸었기 때문에 벚꽃, 목련, 개나리 등과 어울려 장관을 이룬다.(2013. 4. 12)

여의도 벚꽃

T.S. 엘리엇은
4월은 안식에 든 생명들을
고해의 장으로 끌어내는
잔인한 달이라 했지만

진정 4월이 잔인한 것은
생멸을 찰나로 절단하는
벚꽃의 오만함 때문이다

생각해 보라
기쁨은 나눌수록 더하나니
세상에 꽃으로 왔으면
배려가 넉넉해야 하거늘
벚꽃은 한 번도 그런 적 없다

행여나 뒤질세라 서로가
단번에 화르르 피었다가
순간에 왕창 무너져버리는
오만과 독선이 있을 뿐이다

찬란함을 주겠다며
애간장만 태우고는
금방 지워버리는 것이
축하이고 향연이란 말인가?

이런 벚꽃으로 하여
4월은 간사하고도
오만에 찬 잔인한 달이다.

☞ 서울 여의도는 제주원산인 왕벚나무 1,641주를 비롯, 진달래, 개나리, 철쭉, 조팝나무, 말발도리 등 13종 87,859주의 꽃이 피는 4월이면 봄꽃향연을 펼친다. 2005년부터 시작한 이 봄꽃축제는 영등포구청 추산으로 오늘 하루만도 상춘객 100만 명은 될 거라고 했다.(2013.4.13)

산이 먼저

봄이 신록을 자랑하기에
문우들과 산을 찾았더니
북한산이 먼발치에서
나를 기다리고 있었네

반가워 그 품에 안기려
두 팔 벌려 다가가니
어느 사이 제가 먼저
내 품으로 파고들었네

순간 그의 향기가
내 옷깃에 감기고
산바람이 몸으로 스며들어
마음속에 웅크리고 있던
사심과 번민이 씻겨나가며
내가 그대로 산이 되었네

눈을 들어 앞을 보니
이마 위로 구름이 가고
어느덧 북한산이 뚜벅뚜벅
나의 둘레길을 따라
저만큼 앞서가고 있었네.

☞ '시와 여울' 동인 6명이 북한산 둘레길을 걷기로 했다. 진관사 쪽으로 들어가 마실길로 해서 환관묘역을 지나 북한산온천으로 갔다. 점심때도 안 되었는데 온천은 만원이었다. 땀을 대충 씻고 두부집에서 점심을 했다.(2013. 4. 14.)

쇄빙선 아라온호

쇄빙연구선 아라온호를
타고 보니 그것은
우리들 꿈의 탯줄에서 와서
승천의 이상을 기약(旣約)하는
거대한 잠룡(潛龍)이었다

뭍과 뭍을 이어 주는
떠도는 징검돌이 아니라
시공을 넘어 먼 훗날로 가는
극지연구의 적자(嫡子)이고

발보다 머리로 찾아야 할
새로운 생광의 날을 위하여
미래로 가는 전초기지였다

불모의 얼음대륙 남극의
얼어붙은 하늘 아래
세종기지를 지원하고

다산기지의 미래를 그리며

북극 빙산의 계곡을 누벼온
산악만 같은 피곤함도
다리 뻗고 풀어줄 틈이 없다

땟국물처럼 낀 피로도
물길을 달려가면서
헹구어 털어내려는 듯
이따금 몸을 흔드는
쇄빙연구선 아라온호는

우주만큼 큰 생각 속에서
미래의 승천을 기약하는
우리들 열망의 표상이었다.

☞ 극지연구소 선임연구원인 막내(相希)가 쇄빙연구선 아라온호(ARAON) 승선체험 신청을 해서 7월 27일부터 3일간 막내와 손자(享秌), 그리고 우리 부부가 부산에서 인천까지 아라온호 승선체험을 했다. 우리나라 최초의 쇄빙선으로 최첨단 과학기자재를 모두 갖춘 자랑스러운 배였다.(2013. 7. 29)

백마의 전설

이 땅에 새 날이 밝던 날
준마는 푸른 갈기를 휘날리며
아침의 빛남을 기뻐했지

그러나 먹장구름이 몰려와
밝음은 시들어 스러지고

납처럼 무거운 어둠 속에서
우레와 번개를 몰고 온
비바람의 사나운 채찍이
살갗을 갈갈이 찢고
뼛속까지 파고들었네

하지만 준마는 불사조였어
찢긴 상처에는 새살이 돋고
벗겨진 살갗에 하얀 털이 나
백마로 환생 했지

백마는 은빛 갈기를
칼과 창으로 하여

먹장구름을 뚫고 비상하니

펄럭이는 하얀 갈기가
찬란한 빛으로 뻗쳐서
철원 들녘은 다시 밝고
강산도 새 광영을 찾았네

☞ 백마고지는 강원도 철원군 북서쪽에 있는 높이 395미터의 야산이다. 6·25전쟁 때, 국군 9사단이 1962년 10월 6일부터 중공 38군의 공격을 받아 10여 일간 12차례의 쟁탈전을 반복하여 7회나 주인이 바뀌는 격전 끝에 우리가 차지했다. 심한 포격에 하얀 바위가루가 덮여 멀리서 보면 흰말과 같아서 백마고지라 하게 되었다.

(2013. 10. 1)

노동당사

골조만 앙상하게 남아있는
철원읍 사유리 노동당사는
천형을 앓은 나창(癩瘡)의 자리

안타까운 세월 저편
눈물강을 건너 떠나간
형제자매들을 생각한다

모든 것을 다 벗어놓고
빈손으로 가는 그 길에서는
모두가 어깨를 나란히
동행이 되었을 텐데

너와 나
남과 북을 두고
무슨 얘기를 나누며 갔을까

낡은 시간의 지층을 파헤쳐
삭아가는 유골을 찾아
뼈대를 맞추고 살을 붙이며

아물지 않는 상처를 본다
부끄러운 우리의 모습을
다시금 되돌아본다.

☞ 백마고지역에 시화로 전시했다. 철원읍 사유리에 있는 노동당사는 6·25전에 북한노동당이 철원, 김화, 평강, 포천 일대를 관장했던 건물이다. 건물 뒤쪽 방공호에서 사람들의 뼈와 실탄, 철사줄 등이 발견되어 공산정권을 반대한 사람들의 유골로 추정된다. 2002년에 근대문화유산 등록문화재 제22호로 지정관리하고 있다.

(2013. 10. 1)

통일촌에서

보았습니다
피로 젖은 땅에
풀빛이 더 푸르고
상처가 깊을수록
들꽃이 고운 것을

알았습니다
우리의 산과 들은
더없이 어여쁘고
흙 한줌 돌 한 개도
얼마나 값진가를

그렇습니다
서로의 아픔은
감싸서 다독이며
임이 오는 길목에
등불이 되렵니다.

☞ 통일촌은 경기도 파주시 군내면 백연리로 개성공단으로 가는 통일대교 건너 민통선 안에 있는 마을이다. 강서문협 문학기행 중 대성동의 태극기와 그 뒤쪽의 인공기를 바라보면서 이곳 마을회관 부녀회식당에서 점심을 했다.(2013. 10. 3)

선사유적지

온골(솟谷)을 파헤치며
잃었던 옛날을 찾아간다

먼동이 트는 우주의 새벽
새 빛으로 떠오른 땅덩이
그 어느 유현의 골짜기로
조심스레 발길을 옮긴다

도롱이집 같은 움집에
순수의 털복숭이들
시간의 막장에 묻혔던
나의 뿌리가 거기 있었다

옷처럼 거추장스러운 가식이
어디 또 있으랴
문명을 뜨개질한 나를 벗고
맨살에 털가죽을 걸친다

그들과 더불어 생고기를 뜯고는
조상새가 날아다니는 벌판으로

돌도끼를 들고 팔매질을 하며
매머드를 쫓아가는데

텁석부리 그렉 보웬이
소철과 고사리 숲 너머에서
엉거주춤 바지춤을 움켜잡고
겸연쩍게 웃고 있었다.

☞ 전곡선사유적지는 1978년 3월, 주한미군 병사 그렉 보웬(Late Mr. Greg Bowen)이 한탄강에 놀러 왔다가 석기로 보이는 돌을 발견했다. 미국 인디애나대학에서 고고학을 전공한 그는 그 돌이 예삿돌이 아님을 직감하고 각국 고고학자들에게 보여서 구석기 유물임을 확인했다. 이로 인해 우리나라 선사시대 역사가 다시 쓰여 지게 되었다.(2013. 10. 3)

■ 김종상(金鍾祥) 약력

1935년 안동군 서후면 대두서동에서 나서 풍산면 죽전동에서 자람
1955년 안동사범본과 졸업, 연대교육대학원 교육문화고위자 과정 수료
1955년부터 2007년까지 52년간 초등교육과 명지대 인문대학원 등
1958년 교련 발행《새교실》문예작품공모에 소년소설『부처손』입상
1959년 경북경찰국 주최 '민경친선 신춘문예'에 詩『저녁어스름』입상
1960년 '서울신문 신춘문예' 童詩『산 위에서 보면』당선 후 동시에 전념
1964년 동시집《흙손엄마》외 36권, 동화집《아기사슴》외 34권 펴냄
수필집《개성화시대의 어린이, 어린이문화》외 종합문집 다수 펴냄
문학으로 대한민국문학상, 대한민국5·5문화상, 대한민국동요대상과
교육으로 경향교육상, 경향사도상, 한국교육자대상, 대통령 표창 받음
현재, 문학신문 주필. 한국문협, 현대시협, 세계문협, 자유문협, 국제펜
　　　고문
주소 : ㉾121-773. 서울 마포구 새창로8길 72. 209동 901호(현대홈타운)
전화 : 010-5298-0047. Email jongsang-gim@hanmail.net

■ 김종상(金鍾祥)의 저서

　〔창작동시집〕
01. 1964년 동시집『흙손엄마』: 형설출판사
02. 1974년 동시집『어머니 그 이름은』: 세종문화사
03. 1978년 동시선『동시선집2』(엄기원, 김원기 공저) : 교학사
04. 1979년 동시집『우리 땅 우리 하늘』: 서문당
05. 1982년 동시집『해님은 멀리 있어도』: 문학교육원
06. 1984년 동요집『하늘빛이 쌓여서』: 가리온출판사
07. 1985년 동시집『어머니 무명치마』: 창작과 비평사
08. 1986년 동시집『하늘 첫동네』: 웅진출판사

09. 1987년 동시집 『땅덩이 무게』 : 대교문화
10. 1988년 동시감상 『동시를 감상하셔요』 : 청화
11. 1992년 동시집 『생각하는 돌멩이』 : 현암사
12. 1993년 동시집 『매미와 참새』 : 아동문예사
13. 1995년 동시집 『나무의 손』 : 미리내
14. 1996년 동시선집 『날개의 씨앗』 : 오늘어린이
15. 2000년 동물동시 『곰은 엉덩이가 너무 뚱뚱해요』 : 문공사
16. 2000년 꽃동시집 『시가 담긴 우리 꽃』 제1권 : 프로방스
17. 2000년 꽃동시집 『시가 담긴 우리 꽃』 제2권 : 프로방스
18. 2000년 꽃동시집 『시가 담긴 우리 꽃』 제3권 : 프로방스
19. 2001년 인성동시 『노래로 마음을 닦아요』 : 문공사
20. 2002년 동시집 『중영쌍어동시』 : 대만 인류문화공사
21. 2003년 동시집 『쌍어동물동시 수정판』 : 대만 인류문화공사
22. 2004년 동시집 『꽃들은 무슨 생각할까』 : 파랑새어린이
23. 2008년 동시집 『숲에 가면』 : 섬아이
24. 2010년 동시선집 『꿈꾸는 돌멩이』 : 예림당
25. 2010년 동시집 『흙손엄마』(영인본) : 재미마주
26. 2010년 동시조집 『꽃의 마음』 : 대양미디어
27. 2011년 꽃시조집 『꽃도 사랑을 주면 사랑으로 다가온다』 : 소년문학사
28. 2011년 동물동시 『동물원, 우리집은 땅땅땅』 : 파란정원
29. 2012년 어류동시 『동물원, 우리집은 물물물』 : 파란정원
30. 2012년 조류동시 『동물원, 우리집은 하늘하늘』 : 파란정원
31. 2012년 동화시집 『스님과 선재동자』 : 고글
32. 2013년 동시선집 『산 위에서 보면』 : 타임비
33. 2014년 동물동시 『강아지 호랑이』 : 푸른사상
34. 2015년 어류동시 『알락달락 나비고기』 : 리젬
35. 2015년 동시선집 『김종상 동시선집』 : 지식을만드는지식
36. 2015년 동시집 『우주가 있는 곳』 : 청개구리

37. 2015년 곤충동시 『어디 어디 숨었니』 : 예림당
38. 2015년 인성동시 『인성교육동시』 : 파랑새어린이

〔창작동화집〕
01. 1980년 동화집 『아기사슴』 : 삼성당
02. 1982년 동화집 『생각하는 느티나무』 : 보이스사
03. 1983년 동화집 『갯마을 아이들』 : 도서출판 여울
04. 1983년 동화집 『개구쟁이 챔피언』 : 견지사
05. 1983년 동화집 『여우대왕』 : 예림당
06. 1983년 동화집 『간지럽단 말야』 : 꿈동산
07. 1983년 동화집 『잃어버린 하늘』 : 일선출판사
08. 1988년 동화집 『새벽의 대작전』 : 효성사
09. 1988년 동화집 『창기라는 아이』 : 교육문화사
10. 1989년 동화집 『색동나라』 : 교육문화사
11. 1989년 동화집 『3 3 3』 : 서강출판사
12. 1990년 동화집 『우리 식구 네눈이』 : 새소년사
13. 1990년 동화집 『정아와 귀염이』 : 삼덕출판사
14. 1990년 동화집 『방울이의 신발』 : 태양사
15. 1991년 동화집 『물과 불을 찾아서』 : 대연
16. 1991년 동화집 『생명을 찾은 섬』 : 대연
17. 1991년 동화집 『우주전쟁』 : 도서출판 용진
18. 1991년 동화집 『밤바다 물결소리』 : 도서출판 동지
19. 1992년 동화집 『융통성 없는 아이』 : 학원출판공사
20. 1993년 동화집 『범쇠와 반달이』 : 중원사
21. 1996년 동화집 『재주많은 왕자』 : 오늘어린이
22. 1996년 동화집 『물웅덩이』 : 한국유아교육개발원
23. 1996년 동화집 『형제』 : 한국유아교육개발원
24. 1997년 동화집 『예나의 숲』 : 여명출판사

25. 1998년 동화집 『아기해당화의 꿈』: 학원출판공사
26. 1998년 동화집 『연필 한 자루』: 학원출판공사
27. 1998년 동화집 『나뭇잎 배를 탄 진딧물』: 학원출판공사
28. 2000년 동화집 『엄마 따라서』: 도서출판 꿈동산
29. 2000년 동화집 『사람을 만들어요』: 한국비고츠키
30. 2000년 동화집 『모두모두 잘 해요』: 한국비고즈키
31. 2002년 동화집 『쉿, 쥐가 들을라』: 예림당
32. 2008년 그림동화 『옛날 스님들은 어떻게 살았을까』: 프랑스
33. 2011년 동화집 『멍청한 도깨비』: 파란정원
34. 2011년 동화집 『왕비의 보석목걸이』: 섬아이
35. 2013년 동화집 『좀생이 영감님의 하루떡값』: 타임비

〔노래말 동요곡집〕
01. 1995년 동요400곡집 『아기잠자리』: 한국음악교육연구회
02. 2001년 동요321곡집 『별을 긷지요』: 한국음악교육연구회
03. 2004년 동요400곡집 『꽃과 별과 노래』: 도서출판 미리내
04. 2012년 노랫말동요곡집 『꽃처럼 별처럼』: 도서출판 고글

〔창작시집〕
01. 2004년 기행시 『바람처럼 구름처럼』: 도서출판 비트
02. 2006년 기행시 『바람처럼 구름처럼』 증보판: 백수사
03. 2012년 서정시집 『소도 짚신을 신었다』: 문학신문 출판국

〔수필집〕
01. 1995년 교육수상집 『개성화시대의 어린이, 어린이문화』: 집문당
02. 2014년 팔순기념 시가 있는 수필집 『한두실에서 복사골까지』: 고글

〔종합문집〕
01. 1969년 작품집 『소라피리』: 보성출판사

02. 2008년 기념문집 『김종상 아동문학 50주년』 : 순리

〔김종상 수필집〕
01. 1995년 교육수상집 『개성화시대의 어린이, 어린이문화』 : 집문당
02. 2014년 팔순기념 시가 있는 수필집 『한두실에서 복사골까지』 : 고글

〔작문교재〕
01. 1970년 글짓기 사례기 『글밭에서 거둔 이삭』 : 세종문화사
02. 1973년 어린이시공부 『사랑과 그리움의 세계』 : 문조사
03. 1977년 글짓기 지침서 『글짓기 지도 교실』 : 한국교육출판
04. 1977년 독후감 쓰기 지도 『독서감상문교실』 : 교학사
05. 1977년 일기 교육 『1,2학년 일기쓰기』 : 한국글짓기지도회
06. 1978년 실용문 쓰기 『생활하는 글짓기①』 : 교학사
07. 1978년 학술문 쓰기 『생활하는 글짓기②』 : 교학사
08. 1978년 예술문 쓰기 『생각하는 글짓기①』 : 교학사
09. 1981년 동시 짓기 사례기 『동시의 마을』 : 문학교육원
10. 1983년 행사글짓기 『현장글짓기교육』 : 대한교육연합회
11. 1984년 글짓기 교육 『새 글짓기 공부』 : 유신각
12. 1984년 글짓기 교육 『글짓기 동산』 : 청석수련원
13. 1984년 종합 글짓기 『새 글짓기 완성』 : 효성사
14. 1985년 독서와 글짓기 『국어발전학습4-①』 : 연구사
15. 1985년 읽기와 쓰기 『일학년 공부』 : 도서출판 서당
16. 1985년 글짓기 지침서 『사례별 글짓기』 : 대한교육연합회
17. 1986년 재미있게 배우는 『글짓기 징검다리』 : 한국공문수학연구회
18. 1986년 편지글 지도지침서 『편지글 쓰기』 : 경원각
19. 1986년 어린이 작품집 『모범예문집①』 : 견지사
20. 1986년 어린이 작품집 『모범예문집②』 : 견지사
21. 1987년 교과서 동시 감상 『교과서 동요 동시 시조』 : 예림당
22. 1987년 동시 짓기 교육 『시를 써 보서요』 : 도서출판 청하

23. 1988년 글짓기 실천기 『우리들의 글쓰기선생님』 : 미리내
24. 1988년 독서와 글짓기 『독서감상문 교실①』 : 금성출판사
25. 1988년 독서와 글짓기 『독서감상문 교실②』 : 금성출판사
26. 1988년 독서와 글짓기 『독서감상문 교실③』 : 금성출판사
27. 1988년 동시 짓기 사례기 『나는 시를 이렇게 썼다』 : 효성사
28. 1990년 동시 감상 『1, 2, 3학년 교과서 동시』 : 예림당
29. 1991년 동시 감상 『4, 5, 6학년 교과서 동시』 : 예림당
30. 1991년 동시 짓기 이론과 실제 『동시 교실』 : 예림당
31. 1993년 일기 쓰기 지도 『내가 쓴 나의 전기』 : 교육문화사
32. 1993년 동시 짓기 지도 『아름다운 사랑의 노래』 : 교육문화사
33. 1993년 기행문 쓰기 지도 『신나는 여행 이야기』 : 교육문화사
34. 1993년 독후감 쓰기 지도 『독서감상문교실』 : 교육문화사
35. 1993년 종합 글짓기 『꿈의 나라 글마을 ㉠』 : 새벗사
36. 1993년 종합 글짓기 『꿈의 나라 글마을 ㉢』 : 새벗사
37. 1993년 글짓기 자습서 『스스로 글짓기①』 : 재능출판사
38. 1993년 글짓기 자습서 『스스로 글짓기②』 : 재능출판사
39. 1993년 글짓기 자습서 『스스로 글짓기③』 : 재능출판사
40. 1995년 글짓기 안내서 『글나라로 가는 길』 : 현암사
41. 1995년 글짓기 이론서 『글짓기 선생님』 : 어린이재단
42. 1998년 글짓기 지도서 『글나라로 가는 길』 : 중국 조선민족출판사
43. 2007년 글쓰기 교과서 『김종상글쓰기교과서①』 : 책먹는 아이
44. 2007년 글쓰기 교과서 『김종상글쓰기교과서②』 : 책먹는 아이
45. 2007년 글쓰기 교과서 『김종상글쓰기교과서③』 : 책먹는 아이
46. 2008년 명품논술시리즈① 재밌고 쉬운 『논술이야기』 : 명성풀판사
47. 2008년 명품논술시리즈② 맛있고 좋은 『논술이야기』 : 명성풀판사
48. 2008년 명품논술시리즈③ 발상의 전환 『논술이야기』 : 명성풀판사
49. 2013년 글쓰기 교과서 『대한민국 글쓰기교과서』 : 파란정원
50. 2015년 어린이학습교제 『교과서 관용구 100』 : 아주좋은날

초판 인쇄 · 2015년 6월 15일
초판 발행 · 2015년 6월 30일

지은이 | 김종상
펴낸이 | 서영애
펴낸곳 | 대양미디어

출판등록 2004년 11월 제 2-4058호
100-015 서울시 중구 충무로5가 8-5 삼인빌딩 303호
전화 | (02)2276-0078
팩스 | (02)2267-7888

ISBN 978-89-92290-81-4 03810
값 15,000원

＊지은이와 협의에 의해 인지는 생략합니다.
＊잘못된 책은 교환해 드립니다.

이 도서의 국립중앙도서관 출판시도서목록(CIP)은 서지정보유통지원시스템 홈페이지
(http://seoji.nl.go.kr)와 국가자료공동목록시스템(http://www.nl.go.kr/kolisnet)에서
이용하실 수 있습니다.(CIP제어번호: CIP2015016755)